Colin MacIntosh

Jugend ohne Gott

Photo: Ödön v. Horváth–Archiv

Ödön von Horváth
from a photograph taken in 1938 not long before his death

Jugend ohne Gott

BY

Ödön von Horváth

edited by

Ian Huish, M.A.
Modern Languages Master,
Westminster School

Nelson

Thomas Nelson and Sons Ltd
Nelson House   Mayfield Road
Walton-on-Thames   Surrey
KT12 5PL   UK

51 York Place
Edinburgh
EH1 3JD   UK

Thomas Nelson (Hong Kong) Ltd
Toppan Building 10/F
22A Westlands Road
Quarry Bay   Hong Kong

Distributed in Australia by

Thomas Nelson Australia
480 La Trobe Street
Melbourne   Victoria 3000
and in Sydney, Brisbane, Adelaide and Perth

Text © Suhrkamp Verlag, Frankfurt am Main 1970
This edition with English commentary and notes © Harrap Limited 1974

First published by Harrap Limited 1974
(under ISBN 0-245-52361-8)

Reprinted twice
Fourth impression published by Thomas Nelson and Sons Ltd 1985
ISBN 0-17-444606-3
NPN 9 8 7 6 5
Printed in Hong Kong

Contents

Commentary on the Text

Select Bibliography

Notes

Introduction

1. Historical Background

Before looking at the text of *Jugend ohne Gott,* and indeed most of Horváth's work, it is essential to have some idea of the social, historical and political events in Germany after the First World War. No European country experienced greater turmoil during this period, and the dramatic changes which took place show clearly how Hitler's rise to power became possible.

The defeat of Germany in the war had meant not only a tremendous loss of power but also the collapse of the German Empire, which had been in existence for less than 50 years. The Kaiser, Wilhelm II, had abdicated in the last year of the war, leaving the country without a figurehead and depriving it of much of its stability. The victorious allies then produced the Treaty of Versailles which, apart from depriving Germany of valuable territories, also contained clauses explicitly forbidding the union of Germany and Austria and affirming that the sole guilt for the war lay with Germany and her allies. The treaty obliged Germany to pay crippling war reparations, and in order to enforce its terms allied armies were to occupy the Rhineland for fifteen years.

The intention of this treaty was clear enough: to prevent Germany from ever being in a position to fight another war, and yet its effect was to prove disastrous for Germany, the rest of Europe and the world.

Well before the end of the war Germany had begun to show marked signs of political extremism, and the Russian Revolution of 1917 had its repercussions in Germany, although it was only in Bavaria that a Communist government (the *Räterepublik*) was actually created and it was not destined to survive more than a few months.

In 1919 the former German Empire became a democratic Republic, and thus the Weimar Republic was born; its history was to be marked by a succession of coalition governments where no single party was able to gain overall control. This fact combined with the terms of the Treaty of Versailles laid clear the way for extremists of both sides. The government was led by the Social Democrat, Ebert, but the difference in justice meted out to the terrorists of Left and Right showed clearly that it was democratic only in name, and that the administrative posts were dominated by right-wingers. Hitler's bloody but unsuccessful Munich Putsch of 1923 was treated with a leniency that left little doubt as to the court's rightist sympathies, while any leftist militants were punished with the utmost severity.

Inflation was rife at this time, and by the end of 1923 the mark had become virtually worthless and the country was riddled with corruption, both in public and in private life. It was really external aid that succeeded in stabilizing the German currency, and also the fact that the payment of war reparations was put onto a more realistic footing. Germany was then able between 1924 and 1929 to enjoy a period of considerable expansion and relative prosperity. The government had a figurehead in the shape of the new President, the war veteran Field Marshal Hindenburg, who helped to give back some of the stability lost at the time of the Kaiser's abdication.

All through this period the right wing was growing in strength, and in the elections of 1930 the Nazi vote shot up and put 107 deputies into the German Parliament, the Reichstag. This was certainly in part to be attributed to the general world slump following the Wall Street crash of the previous year; millions had become unemployed, and the appeal of a strong nationalist party with a fanatical manifesto and a scapegoat (in the form of the Jews and Marxists) was undeniable. The Jews began to assume the role of 'the enemy', and the Nazis found little difficulty in fanning the flame of anti-Semitism that already existed in small but influential areas of the State into a deep and violent hatred of the race that had, according to the Nazis, betrayed Germany.

There was an increasingly powerful Communist Party in Germany, and the Nazi propaganda machine (which is very apparent in *Jugend ohne Gott*) stressed the threat and examples of Bolshevik terror to great effect. In 1932 Hitler succeeded in using his position as leader of the largest single party in Germany to commute death sentences on five men from his *Sturmabteilung* (Storm-troopers who wore brown shirts–they formed the para-military wing of Hitler's party); they had been convicted of the murder of a Communist, whom they had kicked to death in front of his mother.

In the following year Hitler was elected Chancellor.

At last the German people could feel that they had a powerful leader who had secured a majority vote (51% of the electorate in the elections of March 1933), and there was an upsurge of nationalist spirit to herald the dawn of a new and great era in Germany's history. The Nazis benefited from the first year of the post-depression recovery, and with the backing of industry and of a highly efficient propaganda machine they did indeed seem to perform miracles. Those in industry considered that they could manipulate Hitler to their own economic ends, while the ordinary people saw in Hitler a saviour who had created new jobs for them and who had rekindled the German spirit.

The Germany which forms the background to Horváth's novel is situated historically about three years after Hitler's rise to power (although the precise date is not mentioned). Hindenburg had now died in office and Hitler had assumed total power as the Führer of Germany. One of his first aims was to eradicate all forms of political opposition by declaring all other parties illegal; this was also the case with youth movements where all but the Catholic one were suppressed. Hitler realized that it was vital for him to capture the enthusiasm and energy of the young as quickly as possible and his success in realizing this aim was overwhelming. Under the overall command of Baldur von Schirach the Hitlerjugend seized the imagination of the young, and by the outbreak of World War II membership was well over ninety per cent of boys between ten and eighteen; for girls there was the Bund Deutscher Mädchen. The Führer was able to channel youthful aggression and idealism into a thoroughly nationalistic outlook, as is clearly evident in *Jugend ohne Gott,* and also to impose a rigid discipline on the young which would impress the older generation. Physical and pre-military training were given a greatly enhanced status much to the detriment of classroom learning, and the general tone of education became increasingly anti-intellectual. The Hitlerjugend was seen as taking precedence over family and school; children of fifteen and sixteen often became the instruments of 'educating' their parents, and even on occasion of betraying them.

As the young gained in importance so the teachers lost in social status, and there was a marked lack of respect for them, especially in the classroom. In the area of physical education, however, they were expected to keep up the same rigorous standards of fitness as their pupils. Camps such as the one described in *Jugend ohne Gott* were introduced, and as Germany prepared for war these camps became increasingly military in nature and even ten-year-olds were taught to use weapons.

Faced with a situation in which they could either show open revolt and risk imprisonment and worse, or passively accept their new role, most teachers chose the latter course. Education became a matter of regurgitation and even the mildest criticisms of the government could cause denunciation. Subjects that gained in importance were biology (where purity of racial type could be stressed), German and history (or rather the Nazi interpretation of history). At university level the same activities went on even if they used a, more sophisticated approach. The list of those intellectuals, teachers, artists and scientists, who left the country in the very early days of the Third Reich is an immensely long and impressive one, but the vast majority of schoolteachers remained and took the passive line.

As well as laying down rigid guidelines for teachers the Nazis also organized the ceremonious burning of books that were considered 'un-German', and authors whose works were consigned to the flames included such eminent men as the psychologist Sigmund Freud, the 19th century author of *Das Kapital* and *The Communist Manifesto*, Karl Marx (both of whom were Jews), and Erich Maria Remarque who had written the famous anti-war novel about the First World War, *Im Westen nichts Neues ('All Quiet on the Western Front')*.

Hitler realized the power of the media to influence people and his propaganda chief, Josef Goebbels, ensured that both press and radio put out a constant stream of pro-Nazi slogans and information, while in the streets advertisement hoardings were put up warning against the Jews and calling on people to boycott all Jewish shops. More positively the cinema was used to disseminate Nazi ideals and mould public taste to the new *Zeitgeist*.

When the Reichstag building was burnt down the incident was used to discredit once and for all that other group that Hitler needed to destroy: the Communists. Van der Lubbe, a young Dutch national, was arrested and found guilty, and the fire was portrayed in the press as the beginning of a massive Communist conspiracy; it served as the excuse for hunting down and arresting all known Communists and sympathizers, since van der Lubbe had once belonged to the Communist Party.

Now that historical evidence is available to expose the lies that were put about and the horrors that took place in the Nazi era, it is easy to condemn; at the time it was only too convincing for the nasses of ordinary people to believe in the rightness of what their leaders were doing. Those voices that were raised in dissent were swiftly and brutally silenced within the country, and it was only from outside that writers, such as Horváth, who had the ability to see through the facade, were in a position to express something of the true nature of what was taking place in Germany during the years leading up to the Second World War.

2. Ödön von Horváth

Ödön von Horváth was born in Fiume on 9th December 1901 of Hungarian parents. His father was a diplomat who travelled extensively, almost always taking his entire family with him. When Horváth arrived in Munich in 1913 his first language was Hungarian and it was only later that he began to write in German: "Erst mit vierzehn Jahren schrieb ich den ersten deutschen Satz."[1] At school he was considered a bright but argumentative pupil, and he began almost at once to have serious differences of opinion with the teacher of religion. (His somewhat unorthodox and ambivalent attitude toward Christianity is reflected in many of his plays and also in the figure of the village priest in *Jugend ohne Gott*). When the First World War broke out Horváth was 12 years old, and his retrospective comments on the war show marked similarities with the views expressed by the schoolboys in this novel: "Wir waren alle sehr begeistert und es tat uns außerordentlich leid, daß wir nicht fünf bis sechs Jahre älter waren – dann hätten wir nämlich sofort hinauskönnen in das Feld"[2]. In 1916 the family moved to Pressburg, and then shortly before the end of the war to Budapest where Horváth began to develop a strong interest in politics, although he never became actively involved. After passing his Abitur in Vienna in 1919 he went on to study philosophy and German language and literature at Munich University.

It was at this time that Horváth produced his first work to be published, *Das Buch der Tänze*; it appeared in 1922 but its author later bought up all remaining copies and destroyed them. This work was made up of a collection of free verse mood poems with a strongly oriental and exotic flavour, designed for a pantomime performance. It was a style of writing that Horváth never used subsequently.

By 1923 he was writing plays as well as short stories and prose poems, and had moved from Munich to live with his parents in their country retreat at Murnau. Everything that Horváth wrote was subjected to a high degree of self-criticism, and many of the manuscripts produced at this time were destroyed by him. Despite his intense literary activity, he found that the country was not really conducive to his writing and in 1924 he chose to move to Berlin: "In der Großstadt habe ich mehr Eindrücke, sehe ich mehr und Wichtigeres als auf dem Lande"[3]. It was here that he wrote his first successful play, *Révolte auf Côte 3018*, which was later rewritten and called *Die Bergbahn*. Horváth treated many of his plays in this way, and the collected works carry two and even three versions of the same play. *Révolte auf Côte 3018* shows Horváth's first venture into the realm of social drama: it deals with an accident that occurred during the construction of the first cable railway on the Zugspitze. The play is characterized by its treatment of social injustice; three workers are killed in an accident and in the ensuing dispute between workers and management there is public concern only for the engineer and the successful director of the construction company.

His next play, *Sladek oder die Schwarze Armee*, which Horváth called a 'Historie aus dem Zeitalter der Inflation', is a political one, but its centre is not so much politics as the individual. Although his sympathies were very much to the left, Horváth had been in contact with organizations of the extreme right and this play deals with a man who was involved with a para-military right-wing group. In a highly effective inn scene the author shows how various individuals from different backgrounds find they have common aims and are joined together under the sign of the Swastika (the Nazi emblem). Sladek's girl-friend Anna has talked of betraying the 'Schwarze Armee' and the group decide that she must be liquidated. When Sladek goes to lure Anna into a trap she promises not to go through with the betrayal, since she had only used it as a threat to keep him away from the organization–but it is too late. The others arrive and shoot Anna, Sladek stands by unable to prevent it and remains, albeit reluctantly, with the 'Schwarze Armee'. In the third act Sladek is seen in court after the group has been declared illegal and disbanded; now he is condemned as Anna's murderer. Such court scenes and analyses of the nature of justice are another thread that runs through Horváth's work, and the court scene in *Jugend ohne Gott* is undoubtedly one of the most important in the book.

In 1929 the publishing house of Ullstein offered Horváth a contract that allowed him complete freedom to write in whatever form he wanted – novel, short story, drama, etc. He began work on a novel that same year but it remained unfinished. The following year however saw the publication of his first and only full-length novel, *Der ewige Spießer*. Horváth wrote of this work: "Der Spießer ist bekanntlich ein hypochondrischer Egoist, und so trachet er danach, sich überall feige anzupassen und jede neue Formulierung der Idee zu verfälschen, indem er sie sich aneignet"[4].

The word 'Spießer' or 'Spießbürger' has no exact English equivalent, but it denotes a person who is narrow-minded and petty, incapable of any deep thought. The novel is not a great success and lacks the mordant wit and subtle characterization of the plays, while having none of the conciseness and tension that are to be found in *Jugend ohne Gott*.

Later in the same year (1930) Horváth finished what were to be his most successful plays: *Italienische Nacht* and *Geschichten aus dem Wiener Wald*. The author had become acquainted with Hitler's political activities at a relatively early date and his interest in the National Socialists dates back to the time of *Sladek*; now he used the events immediately around him for a decidedly political purpose. *Italienische Nacht* is based on an actual event: the Nazis and the Republicans (*i.e.* Socialists) had both booked the same hall for their celebrations, the Nazis for the afternoon and the Republicans for the evening. One of the Nazis sees two young Republicans daubing a monument to the last Kaiser (Wilhelm II) with red paint. The Nazis decide to go in and attempt to break up the 'Italienische Nacht' of their opponents; they are unsuccessful, but the scene in which they burst in shows their crudeness and brutality. The play ends with a reassurance from one of the Republicans that all is well: "Solange es einen republikanischen Schutzverband gibt ... solange kann die Republik ruhig schlafen".

In *Geschichten aus dem Wiener Wald* the background is not a political one, and yet the play contains many perceptive references to the political situation and its probable consequences (which many of the characters would welcome), for example: 'Was sich da nur die Tschechen wieder herausnehmen! Ich sag dir heut: morgen gibts wieder Krieg! Und den muß es auch geben! Krieg wirds immer geben!" Against the carefree background of Vienna and the idyllic setting of the Vienna Woods individual tragedies are portrayed. The main protagonists, Marianne and Alfred, live in poverty with their child, but Alfred arranges for the child to be looked after by his mother so that Marianne can go out to work. Marianne, who has been exploited all her life, is one of the most sympathetically drawn of all Horváth's female victims, and her child is allowed to die by its grandmother. Marianne, used by everyone, is left by Alfred, broken and despairing, and her final words are: "Ich kann nicht mehr. Jetzt kann ich nicht mehr". It would be comforting in this play to attribute the tragedy to social and political situations alone, but Horváth's drama, unlike Brecht's optimistic Marxist plays of the same period, does not offer a panacea; it shows the dark, demonic side of human nature that no amount of political change could put to rights. If this has a redeeming quality, it is revealed by the sympathy and sensitivity with which Horváth portrays suffering; he does not show people as being inherently wicked, but his characters are all tainted with the force of evil that sometimes takes control of them.

In the autumn of 1931, on Carl Zuckmayer's recommendation, Horváth was awarded the Kleistpreis. Reactions in the press were mixed and Horváth's comments were typically philosophical: "Ein Teil der Presse begrüßte diese Preisverteilung lebhaft, ein anderer Teil wieder zersprang schier vor Wut. Das sind natürlich Selbstverständlichkeiten"[5]. With this prize and with the first performance of *Geschichten aus dem Wiener Wald* in Berlin, Horváth's fame as a dramatist was assured and his concept of the *Volksstück* had become an established form. The word means a play which is drawn from the life of the ordinary people or *Volk*. It is characterized by its loose, episodic structure, often with very short scenes (similar to the technique of Georg Büchner's unfinished play *Woyzeck* of 1836); it also introduces humorous dialogue, local dialect, an intentional use of the banal and elements of the grotesque (these last, notably the fairground scenes, can be traced back to Frank Wedekind's Lulu plays *Erdgeist* of 1895 and *Die Büchse der Pandora* of 1904). At the same time however he had brought on himself open hostility from the extreme right for his testimony on the Murnau events which had provided the subject matter for *Italienische Nacht*. For his next Volksstück *Glaube Liebe Hoffnung* Horváth took a true story related to him by a Munich journalist, Lukas Kristl. Once again the theme of court 'justice' is to the fore and the author wanted to show the huge and bitter struggle between the individual and society. The story is a simple one of a young girl in need of money. Elisabeth attempts to sell her body to an anatomical institute in order to obtain the money necessary for a work permit. In the second act she is working in a corset-shop and is regarded as a model employee, but the man who lent her the money is furious when he discovers that she had borrowed it to pay a fine. The fine had been incurred because she had been caught working without a permit... She is arrested and loses her job. On leaving prison a policeman picks her up and she lives with him, without telling him of her 'crime'. When he discovers this he leaves her, with the words: "Du hast mich betrogen, das ist er, der entscheidende Punkt". She replies: "Nein! deine Karriere, das ist er, der entscheidende Punkt". She has realized what his values are and goes off to commit suicide. In 1933 this play was banned from the stage and Horváth's parents' house was searched by the Nazis. His father protested, but his son realized that it would be wiser to leave Germany and he travelled first to Salzburg and then to Vienna. Here he wrote his next play *Die Unbekannte aus der Seine*.

In this work Horváth, who did not know whether he would even find a theatre that would produce it, shows a note of resignation that is more pronounced than in any of his earlier plays. Also there is a change of direction in that the Unknown Woman of the title is not an ordinary human being; she possesses a mystical quality that links her with a life beyond the grave, and her origin remains a mystery; she appears to have come from the water and to the water she returns. The water, source of all life, is her element and she sees others in terms of fish; to one of the characters, Albert, she says: "O warum bist du nicht mein Kind? Ich würde dich in den Schlaf singen, aber das Fenster müßte offen sein und wenn du hinausschaust, müßtest du grüne Augen haben, so große grüne Augen wie ein Fisch—und Flossen müßtest du haben und stumm müßtest du sein." As in *Jugend ohne Gott*, here too the Zodiac sign of the fish is in the ascendant; at this period Horváth was becoming increasingly interested in astrology and influenced by it.

At the end of 1933 Horváth married the singer, Maria Elsner; although Horváth had had much success with women, the marriage failed and was dissolved in the following year. Although he had officially left Germany, Horváth returned to Berlin in 1934 to study the Nazi movement at close quarters, as he was planning a play on this theme; it was one that had fascinated him since the early days of the movement and of course forms the background for *Jugend ohne Gott*. The Nazis began new investigations into Horváth's activities and he left Germany for the last time, accompanied by an actress, Wera Liessem. His financial situation was at this period rather precarious; his plays were not produced again in Germany until after the war. The one play that Horváth wrote for purely commercial reasons, *Mit dem Kopf durch die Wand*, was commissioned in 1935. It was a comedy about the film industry, showing how a great actress can be 'created' with the right sort of gimmickry and skulduggery. Although the central figure (who is supposedly the 'Unbekannte aus der Seine' come back to life!) conforms to the Horváthian idea of the exploited woman, the play's characterization and plot are decidedly thin and the premiere was a failure. Horváth described its failure as "eine gerechte Strafe".

For his next two plays, *Don Juan kommt aus dem Krieg* and *Figaro läßt sich scheiden*, Horváth chose to exploit two older themes: Don Juan and Figaro. In them there is a rejection of the more localized settings of his earlier plays in favour of a traditional theme with a universal application. In his *Figaro läßt sich scheiden* he takes up Beaumarchais's story some years after the end of the latter's *Mariage de Figaro*. It deals with the problems of revolution and emigration such as had been seen not only in 18th century France but also in Germany between the wars. While his Figaro retains some of the qualities of his literary forebear, there is none of the optimistic and ebullient revolutionary fervour of Beaumarchais's hero. It is a work that shows little hope although as Horváth wrote at the time; "Die Menschlichkeit ... ist nur ein schwaches Licht in der Finsternis. Wollen wir immerhin hoffen, daß kein noch so großer Sturm es erlöschen kann"[6].

In 1936 he was informed that his permit to stay in Germany had been revoked and from now on he was a true exile. In this year he was working on a play about the influence of Nazism on youth, *Der Lenz ist da*, but this only remained a fragment and much of its material was channelled into *Jugend ohne Gott*. This novel was written within the space of a few months and was immediately accepted for publication by Allert de Lange in Amsterdam. De Lange was a well-known publisher of émigré writers and the novel proved an instant success. Before he had finished writing it Horváth already had begun work on a complementary novel, *Ein Kind unserer Zeit*, another story told in the first person which shows a soldier's gradual disillusionment with Nazism after his initial fanatical support for it.

In 1938 Austria was annexed by Hitler and Horváth was once again forced to flee. He eventually settled on Zurich as a safe place of refuge. From here he travelled on May 17th to Amsterdam to see his publisher and was told by a clairvoyante that he would have the greatest experience of his life towards the end of May. He travelled to Paris full of foreboding, to see Robert Siodmak who was hoping to film *Jugend ohne Gott*. Once in Paris, Horváth, more superstitious now than ever, only went out accompanied by friends. On June 1st, since the clairvoyante's prediction had apparently not been fulfilled, he felt confident enough to go out alone, but was caught in a thunderstorm on the Champs Élysées; he took shelter under a tree and was killed instantly when a rotten branch fell and struck him on the back of the head. With a certain cruel irony the prophecy had none the less been fulfilled, and with it Horváth's name went into eclipse until after the end of the war that he had foreseen in so many of his works.

Sources of quotations

1 *Autobiographische Notiz* (p.181).
2 Interview with Willi Cronauer (p.182).
3 Typescript 'im Nachlaß' (p.183).
4 Preface to *Der ewige Spießer* (p.185).
5 As 2 above (p.186).
6 Unpublished preface to *Figaro läßt sich scheiden* (p. 192).
   All quoted in *Materialien zu Ödön von Horváth*, Suhrkamp 1972, to which the page references above refer.

*Boys of the Hitler Youth at a summer camp
such as that described in the novel*

Photo: Ullstein

Girls of the League of German Maidens on a hike through a forest
(cf. the chapter entitled Die marschierende Venus, *p.26ff.)*

Die Neger

25. März.

Auf meinem Tische stehen Blumen. Lieblich. Ein Geschenk meiner braven Hausfrau, denn heute ist mein Geburtstag.

Aber ich brauche den Tisch und rücke die Blumen beiseite und auch den Brief meiner alten Eltern. Meine Mutter schrieb: »Zu Deinem vierunddreißigsten Geburtstage wünsche ich Dir, mein liebes Kind, das Allerbeste. Gott, der Allmächtige, gebe Dir Gesundheit, Glück und Zufriedenheit!« Und mein Vater schrieb: »Zu Deinem vierunddreißigsten Geburtstage, mein lieber Sohn, wünsche ich Dir alles Gute. Gott, der Allmächtige, gebe Dir Glück, Zufriedenheit und Gesundheit!«

Glück kann man immer brauchen, denke ich mir, und gesund bist du auch, gottlob! Ich klopfe auf Holz. Aber zufrieden? Nein, zufrieden bin ich eigentlich nicht. Doch das ist ja schließlich niemand.

Ich setze mich an den Tisch, entkorke eine rote Tinte, mach mir dabei die Finger tintig und ärgere mich darüber. Man sollt endlich mal eine Tinte erfinden, mit der man sich unmöglich tintig machen kann!

Nein, zufrieden bin ich wahrlich nicht.

Denk nicht so dumm, herrsch ich mich an. Du hast doch eine sichere Stellung mit Pensionsberechtigung, und das ist in der heutigen Zeit, wo niemand weiß, ob sich morgen die Erde noch drehen wird, allerhand! Wie viele würden sich sämtliche Finger ablecken, wenn sie an deiner Stelle wären?! Wie gering ist doch der Prozentsatz der Lehramtskandidaten, die wirklich Lehrer werden können! Danke Gott, daß du zum Lehrkörper eines Städtischen Gymnasiums gehörst und daß du also ohne große wirtschaftliche Sorgen alt und blöd werden darfst! Du kannst doch auch hundert Jahre alt werden, vielleicht wirst du sogar mal der älteste Einwohner des Vaterlandes! Dann kommst du an deinem Geburtstag in die Illustrierte, und drunter wird stehen: »Er ist noch bei regem Geiste.« Und das alles mit Pension! Bedenk und versündig dich nicht!

Ich versündige mich nicht und beginne zu arbeiten.

Sechsundzwanzig blaue Hefte liegen neben mir, sechsundzwanzig Buben, so um das vierzehnte Jahr herum, hatten gestern in der Geographiestunde einen Aufsatz zu schreiben, ich unterrichte nämlich Geschichte und Geographie.

Draußen scheint noch die Sonne, fein muß es sein im Park! Doch Beruf ist Pflicht, ich korrigiere die Hefte und schreibe in mein Büchlein hinein, wer etwas taugt oder nicht.

Das von der Aufsichtsbehörde vorgeschriebene Thema der Aufsätze lautet: »Warum müssen wir Kolonien haben?« Ja, warum? Nun, lasset uns hören!

Der erste Schüler beginnt mit einem B: er heißt Bauer, mit dem Vornamen Franz. In dieser Klasse gibts keinen, der mit A beginnt, dafür haben wir aber gleich fünf mit B. Eine Seltenheit, so viele B's bei insgesamt sechsundzwanzig Schülern! Aber zwei B's sind Zwillinge, daher das Ungewöhnliche. Automatisch überfliege ich die Namensliste in meinem Büchlein und stelle fest, daß B nur von S fast erreicht wird – stimmt, vier beginnen mit S, drei mit M, je zwei mit E, G, L und R, je einer mit F, H, N, T, W, Z, während keiner der Buben mit A, C, D, I, O, P, Q, U, V, X, Y beginnt.

Nun, Franz Bauer, warum brauchen wir Kolonien?

»Wir brauchen die Kolonien«, schreibt er, »weil wir zahlreiche Rohstoffe benötigen, denn ohne Rohstoffe könnten wir unsere hochstehende Industrie nicht ihrem innersten Wesen und Werte nach beschäftigen, was zur unleidlichen Folge hätte, daß der heimische Arbeitsmann wieder arbeitslos werden würde.« Sehr richtig, lieber Bauer! »Es dreht sich zwar nicht um die Arbeiter« – sondern, Bauer? –, »es dreht sich vielmehr um das Volksganze, denn auch der Arbeiter gehört letzten Endes zum Volk.«

Das ist ohne Zweifel letzten Endes eine großartige Entdeckung, geht es mir durch den Sinn, und plötzlich fällt es mir wieder auf, wie häufig in unserer Zeit uralte Weisheiten als erstmalig formulierte Schlagworte serviert werden. Oder war das immer schon so?

Ich weiß es nicht.

Jetzt weiß ich nur, daß ich wieder mal sechsundzwanzig Aufsätze durchlesen muß, Aufsätze, die mit schiefen Voraussetzungen falsche Schlußfolgerungen ziehen. Wie schön wärs, wenn sich »schief« und »falsch« aufheben würden, aber sie tuns nicht. Sie wandeln Arm in Arm daher und singen hohle Phrasen.

Ich werde mich hüten, als städtischer Beamter, an diesem lieblichen Gesange auch nur die leiseste Kritik zu üben! Wenns auch weh tut, was vermag der einzelne gegen alle? Er kann sich nur heimlich ärgern. Und ich will mich nicht mehr ärgern!

Korrigier rasch, du willst noch ins Kino!

Was schreibt denn da der N?

»Alle Neger sind hinterlistig, feig und faul.«

– Zu dumm! Also das streich ich durch!

Und ich will schon mit roter Tinte an den Rand schreiben: »Sinnlose Verallgemeinerung!« – da stocke ich. Aufgepaßt, habe ich denn diesen Satz über die Neger in letzter Zeit nicht schon mal gehört? Wo denn nur? Richtig: er tönte aus dem Lautsprecher im Restaurant und verdarb mir fast den Appetit.

Ich lasse den Satz also stehen, denn was einer im Radio redet, darf kein Lehrer im Schulheft streichen.

Und während ich weiterlese, höre ich immer das Radio: es lispelt, es heult, es bellt, es girrt, es droht – und die Zeitungen drucken es nach und die Kindlein, sie schreiben es ab.

Nun hab ich den Buchstaben T verlassen, und schon kommt Z. Wo bleibt W? Habe ich das Heft verlegt? Nein, der W war ja gestern krank – er hatte sich am Sonntag im Stadion eine Lungenentzündung geholt, stimmt, der Vater hats mir ja schriftlich korrekt mitgeteilt. Armer W! Warum gehst du auch ins Stadion, wenns eisig in Strömen regnet?

3

Diese Frage könntest du eigentlich auch an dich selbst stellen, fällt es mir ein, denn du warst ja am Sonntag ebenfalls im Stadion und harrtest treu bis zum Schlußpfiff aus, obwohl der Fußball, den die beiden Mannschaften boten, keineswegs hochklassig war. Ja, das Spiel war sogar ausgesprochen langweilig – also: warum bliebst du? Und mit dir dreißigtausend zahlende Zuschauer?

Warum?

Wenn der Rechtsaußen den linken Half überspielt und zentert, wenn der Mittelstürmer den Ball in den leeren Raum vorlegt und der Tormann sich wirft, wenn der Halblinke seine Verteidigung entlastet und ein Flügelspiel forciert, wenn der Verteidiger auf der Torlinie rettet, wenn einer unfair rempelt oder eine ritterliche Geste macht, wenn der Schiedsrichter gut ist oder schwach, parteiisch oder parteilos, dann existiert für den Zuschauer nichts auf der Welt außer dem Fußball, ob die Sonne scheint, obs regnet oder schneit. Dann hat er alles vergessen.

Was »alles«?

Ich muß lächeln: die Neger, wahrscheinlich – –

Es regnet

Als ich am nächsten Morgen in das Gymnasium kam und die Treppe zum Lehrerzimmer emporstieg, hörte ich auf dem zweiten Stock einen wüsten Lärm. Ich eilte empor und sah, daß fünf Jungen, und zwar E, G, R, H, T, einen verprügelten, nämlich den F.

»Was fällt euch denn ein?« schrie ich sie an. »Wenn ihr schon glaubt, noch raufen zu müssen wie die Volksschüler, dann rauft doch gefälligst einer gegen einen, aber fünf gegen einen, also das ist eine Feigheit!«

Sie sahen mich verständnislos an, auch der F, über den die fünf hergefallen waren. Sein Kragen war zerrissen.

»Was hat er euch denn getan?« fragte ich weiter, doch die

Helden wollten nicht recht heraus mit der Sprache und auch der Verprügelte nicht. Erst allmählich brachte ich es heraus, daß der F den fünfen nichts angetan hatte, sondern im Gegenteil: die fünf hatten ihm seine Buttersemmel gestohlen, nicht, um sie zu essen, sondern nur, damit er keine hat. Sie haben die Semmel durch das Fenster auf den Hof geschmissen.

Ich schaue hinab. Dort liegt sie auf dem grauen Stein. Es regnet noch immer, und die Semmel leuchtet hell herauf.

Und ich denke: vielleicht haben die fünf keine Semmeln, und es ärgert sie, daß der F eine hatte. Doch nein, sie hatten alle ihre Semmeln, und der G sogar zwei. Und ich frage nochmals: »Warum habt ihr das also getan?«

Sie wissen es selber nicht. Sie stehen vor mir und grinsen verlegen. Ja, der Mensch dürfte wohl böse sein, und das steht auch schon in der Bibel. Als es aufhörte zu regnen und die Wasser der Sündflut wieder wichen, sagte Gott: »Ich will hinfort nicht mehr die Erde strafen um der Menschen willen, denn das Trachten des menschlichen Herzens ist böse von Jugend auf.«

Hat Gott sein Versprechen gehalten? Ich weiß es noch nicht. Aber ich frage nun nicht mehr, warum sie die Semmel auf den Hof geworfen haben. Ich erkundige mich nur, ob sie es noch nie gehört hätten, daß sich seit Urzeiten her, seit tausend und tausend Jahren, seit dem Beginn der menschlichen Gesittung, immer stärker und stärker ein ungeschriebenes Gesetz herausgebildet hat, ein männliches Gesetz: Wenn ihr schon rauft, dann raufe nur einer gegen einen! Bleibet immer ritterlich! Und ich wende mich wieder an die fünf und frage: Schämt ihr euch denn nicht?«

Sie schämen sich nicht. Ich rede eine andere Sprache. Sie sehen mich groß an, nur der Verprügelte lächelt. Er lacht mich aus.

Schließt das Fenster«, sage ich, »sonst regnets noch herein!«

Sie schließen es.

Was wird das für eine Generation? Eine harte oder nur eine rohe?

Ich sage kein Wort mehr und gehe ins Lehrerzimmer. Auf der Treppe bleibe ich stehen und lausche: ob sie wohl wieder raufen? Nein, es ist still. Sie wundern sich.

Die reichen Plebejer

Von 10–11 hatte ich Geographie. In dieser Stunde mußte ich die gestern korrigierte Schulaufgabe betreffs der kolonialen Frage drannehmen. Wie bereits erwähnt, hatte man gegen den Inhalt der Aufsätze vorschriftsgemäß nichts einzuwenden. Ich sprach also, während ich nun die Hefte an die Schüler verteilte, lediglich über Sprachgefühl, Orthographie und Formalitäten. So sagte ich dem einen B, er möge nicht immer über den linken Rand hinausschreiben, dem R, die Absätze müßten größer sein, dem Z, man schreibt Kolonien mit e und nicht Kolonihn mit h. Nur als ich dem N sein Heft zurückgab, konnte ich mich nicht zurückhalten: »Du schreibst«, sagte ich, »daß wir Weißen kulturell und zivilisatorisch über den Negern stehen, und das dürfte auch stimmen. Aber du darfst doch nicht schreiben, daß es auf die Neger nicht ankommt, ob sie nämlich leben könnten oder nicht. Auch die Neger sind doch Menschen.«

Er sah mich einen Augenblick starr an, und dann glitt ein unangenehmer Zug über sein Gesicht. Oder hatte ich mich getäuscht? Er nahm sein Heft mit der guten Note, verbeugte sich korrekt und nahm wieder Platz in seiner Bank.

Bald sollte ich es erfahren, daß ich mich nicht getäuscht hatte.

Bereits am nächsten Tage erschien der Vater des N in meiner Sprechstunde, die ich wöchentlich einmal abhalten mußte, um mit den Eltern in Kontakt zu kommen. Sie erkundigten sich über die Fortschritte ihrer Kinder und holten sich Auskunft über allerhand meist recht belanglose Erziehungsprobleme. Es waren brave Bürger, Beamte, Offiziere, Kaufleute; Arbeiter war keiner darunter.

Bei manchem Vater hatte ich das Gefühl, daß er über den Inhalt der diversen Schulaufsätze seines Sprößlings ähnlich denkt wie ich. Aber wir sahen uns nur an, lächelten und sprachen über das Wetter. Die meisten Väter waren älter als ich, einer war sogar ein richtiger Greis. Der jüngste ist vor knapp zwei Wochen achtundzwanzig geworden. Er hatte mit siebzehn Jahren die Tochter eines Industriellen verführt, ein eleganter Mensch. Wenn er zu mir kommt, fährt er immer in seinem Sportwagen vor. Die Frau bleibt unten sitzen, und ich kann sie von droben sehen. Ihren Hut, ihre Arme, ihre Beine. Sonst nichts. Aber sie gefällt mir. Du könntest auch schon einen Sohn haben, denke ich dann, aber ich kann mich beherrschen, ein Kind in die Welt zu setzen. Nur damits in irgendeinem Krieg erschossen wird!

Nun stand der Vater des N vor mir. Er hatte einen selbstsicheren Gang und sah mir aufrecht in die Augen. »Ich bin der Vater des Otto N.« »Freut mich, Sie kennenzulernen, Herr N«, antwortete ich, verbeugte mich, wie es sich gehört, bot ihm Platz an, doch er setzte sich nicht. »Herr Lehrer«, begann er, »mein Hiersein hat den Grund in einer überaus ernsten Angelegenheit, die wohl noch schwerwiegende Folgen haben dürfte. Mein Sohn Otto teilte mir gestern nachmittag in heller Empörung mit, daß Sie, Herr Lehrer, eine schier unerhörte Bemerkung fallen gelassen hätten –«

»Ich?«

»Jawohl, Sie!«

»Wann?«

»Anläßlich der gestrigen Geographiestunde. Die Schüler schrieben einen Aufsatz über Kolonialprobleme, und da sagten Sie zu meinem Otto: Auch die Neger sind Menschen. Sie wissen wohl, was ich meine?«

»Nein.«

Ich wußte es wirklich nicht. Er sah mich prüfend an. Gott, muß der dumm sein, dachte ich.

»Mein Hiersein«, begann er wieder langsam und betont, »hat seinen Grund in der Tatsache, daß ich seit frühester Jugend nach Gerechtigkeit strebe. Ich frage Sie also: ist jene ominöse Äußerung über die Neger Ihrerseits in dieser Form und in diesem Zusammenhange tatsächlich gefallen oder nicht?«

»Ja«, sagte ich und mußte lächeln: »Ihr Hiersein wäre also nicht umsonst –«

»Bedauere bitte«, unterbrach er mich schroff, »ich bin zu Scherzen nicht aufgelegt! Sie sind sich wohl noch nicht im klaren darüber, was eine derartige Äußerung über die Neger bedeutet?! Das ist Sabotage am Vaterland! Oh, mir machen Sie nichts vor! Ich weiß es nur zu gut, auf welch heimlichen Wegen und mit welch perfiden Schlichen das Gift Ihrer Humanitätsduselei unschuldige Kinderseelen zu unterhöhlen trachtet!«

Nun wurds mir aber zu bunt!

»Erlauben Sie«, brauste ich auf, »das steht doch bereits in der Bibel, daß alle Menschen Menschen sind!«

»Als die Bibel geschrieben wurde, gabs noch keine Kolonien in unserem Sinne«, dozierte felsenfest der Bäckermeister. »Eine Bibel muß man in übertragenem Sinn verstehen, bildlich oder gar nicht! Herr, glauben Sie denn, daß Adam und Eva leibhaftig gelebt haben oder nur bildlich?! Na also! Sie werden sich nicht auf den lieben Gott hinausreden, dafür werde ich sorgen!«

»Sie werden für gar nichts sorgen«, sagte ich und komplimentierte ihn hinaus. Es war ein Hinauswurf. »Bei Philippi sehen wir uns wieder!« rief er mir noch zu und verschwand.

Zwei Tage später stand ich bei Philippi.

Der Direktor hatte mich rufen lassen. »Hören Sie«, sagte er, »es kam hier ein Schreiben von der Aufsichtsbehörde. Ein gewisser Bäckermeister N hat sich über Sie beschwert, Sie sollen da so Äußerungen fallen gelassen haben. – Nun, ich kenne das und weiß, wie solche Beschwerden zustande kommen, mir müssen Sie nichts erklären! Doch, lieber Kollege, ist es meine Pflicht, Sie darauf aufmerksam zu machen, daß sich

lerlei nicht wiederholt. Sie vergessen das geheime Rundschreiben 5679 u/33! Wir müssen von der Jugend alles fern-
halten, was nur in irgendeiner Weise ihre zukünftigen militärischen Fähigkeiten beeinträchtigen könnte – das heißt: wir
müssen sie moralisch zum Krieg erziehen. Punkt!«

Ich sah den Direktor an, er lächelte und erriet meine Gedanken. Dann erhob er sich und ging hin und her. Er ist ein
schöner alter Mann, dachte ich.

»Sie wundern sich«, sagte er plötzlich, »daß ich die Kriegs-
posaune blase, und Sie wundern sich mit Recht! Sie denken
jetzt, siehe welch ein Mensch! Vor wenigen Jahren noch
unterschrieb er flammende Friedensbotschaften, und heute?
Heut rüstet er zur Schlacht!«

Ich weiß es, daß Sie es nur gezwungen tun«, suchte ich ihn
zu beruhigen.

Er horchte auf, blieb vor mir stehen und sah mich aufmerksam an. »Junger Mann«, sagte er ernst, »merken Sie sich
eines: es gibt keinen Zwang. Ich könnte ja dem Zeitgeist
widersprechen und mich von einem Herrn Bäckermeister ein-
sperren lassen, ich könnte ja hier gehen, aber ich will nicht
gehen, jawohl, ich will nicht! Denn ich möchte die Alters-
grenze erreichen, um die volle Pension beziehen zu können.«

Das ist ja recht fein, dachte ich.

»Sie halten mich für einen Zyniker«, fuhr er fort und sah
mich nun schon ganz väterlich an. »Oh, nein! Wir alle, die
wir zu höheren Ufern der Menschheit strebten, haben eines
vergessen: die Zeit! Die Zeit, in der wir leben. Lieber Kollege,
wer so viel gesehen hat wie ich, der erfaßt allmählich das
Wesen der Dinge.«

Du hast leicht reden, dachte ich wieder, du hast ja noch die
schöne Vorkriegszeit miterlebt. Aber ich? Ich hab erst im
letzten Kriegsjahr zum erstenmal geliebt und frage nicht,
was.

Wir leben in einer plebejischen Welt«, nickte er mir traurig
zu. »Denken Sie nur an das alte Rom, 287 vor Christi Ge-

burt. Der Kampf zwischen den Patriziern und Plebejern war noch nicht entschieden, aber die Plebejer hatten bereits wich tigste Staatsposten besetzt.«

»Erlauben Sie, Herr Direktor«, wagte ich einzuwenden, »so viel ich weiß, regieren bei uns doch keine armen Plebejer sondern es regiert einzig und allein das Geld.«

Er sah mich wieder groß an und lächelte versteckt. »Da stimmt. Aber ich werde Ihnen jetzt gleich ein Ungenügend in Geschichte geben, Herr Geschichtsprofessor! Sie vergessen ja ganz, daß es auch reiche Plebejer gab. Erinnern Sie sich?«

Ich erinnerte mich. Natürlich! Die reichen Plebejer verließen das Volk und bildeten mit den bereits etwas dekadenten Patriziern den neuen Amtsadel, die sogenannten Optimates.

»Vergessen Sies nur nicht wieder!«

»Nein.«

Das Brot

Als ich zur nächsten Stunde die Klasse, in der ich mir erlaubte etwas über die Neger zu sagen, betrete, fühle ich sogleich, daß etwas nicht in Ordnung ist. Haben die Herren meinen Stuhl mit Tinte beschmiert? Nein. Warum schauen sie mich nur so schadenfroh an?

Da hebt einer die Hand. Was gibts? Er kommt zu mir, ver beugt sich leicht, überreicht mir einen Brief und setzt sich wieder.

Was soll das?

Ich erbreche den Brief, überfliege ihn, möchte hochfahren beherrsche mich jedoch und tue, als würd ich ihn genau lesen Ja, alle haben ihn unterschrieben, alle fünfundzwanzig, der W ist noch immer krank.

»Wir wünschen nicht mehr«, steht in dem Brief, »von Ihnen unterrichtet zu werden, denn nach dem Vorgefallenen haben wir Endesunterzeichneten kein Vertrauen mehr zu Ihnen und bitten um eine andere Lehrkraft.«

Ich blicke die Endesunterzeichneten an, einen nach dem anderen. Sie schweigen und sehen mich nicht an. Ich unterdrücke meine Erregung und frage wie so nebenbei: »Wer hat das geschrieben?«

Keiner meldet sich.

»So seid doch nicht so feig!«

Sie rühren sich nicht.

»Schön«, sage ich und erhebe mich, »es interessiert mich auch nicht mehr, wer das geschrieben hat, ihr habt euch ja alle unterzeichnet. – Gut, auch ich habe nicht die geringste Lust, eine Klasse zu unterrichten, die zu mir kein Vertrauen hat. Doch glaubt mir, ich wollte nach bestem Gewissen« – ich stocke, denn ich bemerke plötzlich, daß einer unter der Bank schreibt.

»Was schreibst du dort?«

Er will es verstecken.

»Gibs her!«

Ich nehm es ihm weg, und er lächelt höhnisch. Es ist ein Blatt Papier, auf dem er jedes meiner Worte mitstenographierte.

»Ach, ihr wollt mich bespitzeln?«

Sie grinsen.

Grinst nur, ich verachte euch. Hier hab ich, bei Gott, nichts mehr verloren. Soll sich ein anderer mit euch raufen!

Ich gehe zum Direktor, teile ihm das Vorgefallene mit und bitte um eine andere Klasse. Er lächelt: »Meinen Sie, die anderen sind besser?« Dann begleitet er mich in die Klasse zurück. Er tobt, er schreit, er beschimpft sie – ein herrlicher Schauspieler! Eine Frechheit wärs, brüllt er, eine Niedertracht, und die Lümmel hätten kein Recht, einen anderen Lehrer zu fordern, was ihnen einfiele, ob sie denn verrückt geworden seien, usw.! Dann läßt er mich wieder allein zurück.

Da sitzen sie nun vor mir. Sie hassen mich. Sie möchten mich ruinieren, meine Existenz und alles, nur weil sie es nicht vertragen können, daß ein Neger auch ein Mensch ist. Ihr seid keine Menschen, nein!

Aber wartet nur, Freunde! Ich werde mir wegen euch keine Disziplinarstrafe zuziehen, geschweige denn mein Brot verlieren – nichts zum Fressen soll ich haben, was? Keine Kleider, keine Schuhe? Kein Dach? Würd euch so passen! Nein, ich werde euch von nun ab nur mehr erzählen, daß es keine Menschen gibt, außer euch, ich will es euch so lange erzählen bis euch die Neger rösten! Ihr wollt es ja nicht anders!

Die Pest

An diesem Abend wollt ich nicht schlafen gehen. Immer sah ich das Stenogramm vor mir – ja, sie wollen mich vernichten.

Wenn sie Indianer wären, würden sie mich an den Marterpfahl binden und skalpieren, und zwar mit dem besten Gewissen.

Sie sind überzeugt, sie hätten recht.

Es ist eine schreckliche Bande!

Oder versteh ich sie nicht? Bin ich denn mit meinen vierunddreißig Jahren bereits zu alt? Ist die Kluft zwischen uns tiefer als sonst zwischen Generationen?

Heut glaube ich, sie ist unüberbrückbar.

Daß diese Burschen alles ablehnen, was mir heilig ist, wäre zwar noch nicht so schlimm. Schlimmer ist schon, wie sie es ablehnen, nämlich: ohne es zu kennen. Aber das Schlimmste ist, daß sie es überhaupt nicht kennenlernen wollen!

Alles Denken ist ihnen verhaßt.

Sie pfeifen auf den Menschen! Sie wollen Maschinen sein, Schrauben, Räder, Kolben, Riemen – doch noch lieber als Maschinen wären sie Munition: Bomben, Schrapnells, Granaten. Wie gerne würden sie krepieren auf irgendeinem Feld. Der Name auf einem Kriegerdenkmal ist der Traum ihrer Pubertät.

Doch halt! Ist es nicht eine große Tugend, diese Bereitschaft zum höchsten Opfer?

Gewiß, wenn es um eine gerechte Sache geht –

Um was geht es hier?

»Recht ist, was der eigenen Sippschaft frommt«, sagt das Radio. Was uns nicht gut tut, ist Unrecht. Also ist alles erlaubt, Mord, Raub, Brandstiftung, Meineid – ja, es ist nicht nur erlaubt, sondern es gibt überhaupt keine Untaten, wenn sie im Interesse der Sippschaft begangen werden! Was ist das?

Der Standpunkt des Verbrechers.

Als die reichen Plebejer im alten Rom fürchteten, daß das Volk seine Forderung, die Steuern zu erleichtern, durchdrükken könnte, zogen sie sich in den Turm der Diktatur zurück. Und sie verurteilten den Patrizier Manlius Capitolinus, der mit seinem Vermögen plebejische Schuldner aus der Schuldhaft befreien wollte, als Hochverräter zum Tode und stürzten ihn dann vom Tarpejischen Felsen hinab. Seit es eine menschliche Gesellschaft gibt, kann sie aus Selbsterhaltungsgründen auf das Verbrechen nicht verzichten. Aber die Verbrechen wurden verschwiegen, vertuscht, man hat sich ihrer geschämt.

Heute ist man stolz auf sie.

Es ist eine Pest.

Wir sind alle verseucht, Freund und Feind. Unsere Seelen sind voller schwarzer Beulen, bald werden sie sterben. Dann leben wir weiter und sind doch tot.

Auch meine Seele ist schon schwach. Wenn ich in der Zeitung lese, daß einer von denen umgekommen ist, denke ich: »Zu wenig! Zu wenig!«

Habe ich nicht auch heute gedacht: »Geht alle drauf?«

Nein, jetzt will ich nicht weiterdenken! Jetzt wasche ich meine Hände und gehe ins Café. Dort sitzt immer wer, mit dem man Schach spielen kann! Nur hinaus jetzt aus meinem Zimmer! Luft! –

Die Blumen, die ich von meiner Hausfrau zum Geburtstag bekam, sind verwelkt. Sie kommen auf den Mist.

Morgen ist Sonntag.

In dem Café sitzt keiner, den ich kenne. Niemand.

Was tun?

Ich geh ins Kino.

In der Wochenschau seh ich die reichen Plebejer. Sie enthüllen ihre eigenen Denkmäler, machen die ersten Spatenstiche und nehmen die Paraden ihrer Leibgarden ab. Dann folgt ein Mäuslein, das die größten Katzen besiegt, und dann eine spannende Kriminalgeschichte, in der viel geschossen wird, damit das gute Prinzip triumphieren möge.

Als ich das Kino verlasse, ist es Nacht.

Aber ich gehe nicht nach Hause. Ich fürchte mich vor meinem Zimmer.

Drüben ist eine Bar, dort werd ich was trinken, wenn sie billig ist.

Sie ist nicht teuer.

Ich trete ein. Ein Fräulein will mir Gesellschaft leisten.

»So ganz allein?« fragt sie.

»Ja«, lächle ich, »leider –«

»Darf ich mich zu Ihnen setzen?«

»Nein.«

Sie zieht sich gekränkt zurück. Ich wollt Ihnen nicht weh tun, Fräulein. Seien Sie mir nicht böse, aber ich bin allein.

Das Zeitalter der Fische

Als ich den sechsten Schnaps getrunken hatte, dachte ich, man müßte eine Waffe erfinden, mit der man jede Waffe um ihren Effekt bringen könnte, gewissermaßen also: das Gegenteil einer Waffe – ach, wenn ich nur ein Erfinder wäre, was würde ich nicht alles erfinden! Wie glücklich wär die Welt!

Aber ich bin kein Erfinder, und was würde die Welt nicht alles versäumen, wenn ich ihr Licht nicht erblickt hätte? Was würde die Sonne dazu sagen? Und wer würde denn dann in meinem Zimmer wohnen?

Frag nicht so dumm, du bist betrunken! Du bist eben da. Was

willst du denn noch, wo du es gar nicht wissen kannst, ob es
dein Zimmer überhaupt geben würde, wenn du nicht geboren
worden wärst? Vielleicht wär dann dein Bett noch ein Baum!
Na also! Schäm dich, alter Esel, fragst mit metaphysischen
Allüren wie ein Schulbub von anno dazumal, der seine Auf-
klärung in puncto Liebe noch nicht verdaut hat! Forsche nicht
im Verborgenen, trink lieber deinen siebenten Schnaps!
Ich trinke, ich trinke – Meine Damen und Herren, ich liebe
den Frieden nicht! Ich wünsche uns allen den Tod! Aber keinen einfachen, sondern einen komplizierten – man müßte die
Folter wieder einführen, jawohl: die Folter! Man kann nicht
genug Schuldgeständnisse erpressen, denn der Mensch ist
schlecht!
Nach dem achten Schnaps nickte ich dem Pianisten freundlich
zu, obwohl mir seine Musik bis zum sechsten Schnaps arg
mißfiel. Ich bemerkte es gar nicht, daß ein Herr vor mir
stand, der mich bereits zweimal angesprochen hatte. Erst beim
drittenmal erblickte ich ihn.
Ich erkannte ihn sogleich.
Es war unser Julius Caesar.
Ursprünglich ein geachteter Kollege, ein Altphilologe vom
Mädchenlyzeum, geriet er in eine böse Sache. Er ließ sich mit
einer minderjährigen Schülerin ein und wurde eingesperrt.
Man sah ihn lange nicht, dann hörte ich, er würde mit allerhand Schund hausieren, von Tür zu Tür. Er trug eine auffallend große Krawattennadel, einen Miniaturtotenkopf, in
welchem eine winzige Glühbirne stak, die mit einer Batterie
in seiner Tasche verbunden war. Drückte er auf einen Knopf,
leuchteten die Augenhöhlen seines Totenkopfes rot auf. Das
waren seine Scherze. Eine gestrandete Existenz.
Ich weiß nicht mehr, wieso es kam, daß er plötzlich neben
mir saß und daß wir in eine hitzige Debatte verstrickt waren.
Ja, ich war sehr betrunken und erinnere mich nur an einzelne Gesprächsfetzen –
Julius Caesar sagt: »Was sie da herumreden, verehrter Kollega, ist lauter unausgegorenes Zeug! Höchste Zeit, daß Sie

sich mal mit einem Menschen unterhalten, der nichts mehr zu erhoffen hat und der daher mit freiem Blick den Wandel der Generationen unbestechlich begreift! Also Sie, Kollega, und ich, das sind nach Adam Riese zwei Generationen, und die Lausbuben in Ihrer Klasse sind auch eine Generation, zusammen sind wir also nach Adam Riese drei Generationen. Ich bin sechzig, Sie zirka dreißig und jene Lauser zirka vierzehn. Paßt auf! Entscheidend für die Gesamthaltung eines ganzen Lebens sind die Erlebnisse der Pubertät, insbesondere beim männlichen Geschlecht.«

»Langweilens mich nicht«, sagte ich.

»Auch wenn ich Sie langweil, hörens mir zu, sonst werd ich wild! Also das oberste und einzigste Generalproblem der Pubertät meiner Generation war das Weib, das heißt: das Weib, das wir nicht bekamen. Denn damals war das noch nicht so. Infolgedessen war unser markantestes Erlebnis jener Tage die Selbstbefriedigung, samt allen ihren altmodischen Folgeerscheinungen, nämlich mit der, wie sichs leider erst später herausstellen sollte, völlig sinnlosen Angst vor gesundheitsschädigenden Konsequenzen etcetera. Mit anderen Worten: wir stolperten über das Weib und schlitterten in den Weltkrieg hinein. Anläßlich nun Ihrer Pubertät, Kollega, war der Krieg gerade im schönsten Gange. Es gab keine Männer, und die Weiber wurden williger. Ihr kamt gar nicht dazu, euch auf euch selbst zu besinnen, die unterernährte Damenwelt stürzte sich auf euer Frühlingserwachen. Für euere Generation war das Weib keine Heilige mehr, drum wird es eueresgleichen auch nie restlos befriedigen, denn im tiefsten Winkel euerer Seelen sehnt ihr euch nach dem Reinen, Hehren, Unnahbaren – mit anderen Worten: nach der Selbstbefriedigung. In diesem Falle stolperten die Weiber über euch Jünglinge und schlitterten in die Vermännlichung hinein.«

»Kollega, Sie sind ein Erotomane.«

»Wieso?«

»Weil Sie die ganze Schöpfung aus einem geschlechtlichen

Winkel heraus betrachten. Das ist zwar ein Kennzeichen Ihrer Generation, besonders in Ihrem Alter – aber bleiben Sie doch nicht immer im Bett liegen! Stehen Sie auf, ziehen Sie den Vorhang zur Seite, lassen Sie Licht herein und blicken Sie mit mir hinaus!«

»Und was sehen wir draußen?«

»Nichts Schönes, jedoch trotzdem!«

»Mir scheint, Sie sind ein verkappter Romantiker! Ich bitt Sie, unterbrechens mich nicht mehr! Setz dich! Wir kommen jetzt zur dritten Generation, nämlich zu den heute Vierzehnjährigen: für die ist das Weib überhaupt kein Problem mehr, denn es gibt keine wahrhaften Frauen mehr, es gibt nur lernende, rudernde, gymnastiktreibende, marschierende Ungeheuer! Ist es Ihnen aufgefallen, daß die Weiber immer reizloser werden?«

»Sie sind ein einseitiger Mensch!«

»Wer möchte sich für eine rucksacktragende Venus begeistern? Ich nicht! Jaja, das Unglück der heutigen Jugend ist, daß sie keine korrekte Pubertät mehr hat – erotisch, politisch, moralisch etcetera, alles wurde vermantscht, verpantscht, alles in einen Topf! Und außerdem wurden zu viele Niederlagen als Siege gefeiert, zu oft wurden die innigsten Gefühle der Jugend in Anspruch genommen für irgendeinen Popanz, während sie es auf einer anderen Seite wieder zu bequem hat: sie müssen ja nur das abschreiben, was das Radio zusammenblödelt, und schon bekommen sie die besten Noten. Aber es gibt auch noch einzelne, Gott sei Dank!«

»Was für einzelne?«

Er sah sich ängstlich um, neigte sich dicht zu mir und sagte sehr leise: »Ich kenne eine Dame, deren Sohn geht ins Realgymnasium. Robert heißt er und ist fünfzehn Jahre alt. Neulich hat er so ein bestimmtes Buch gelesen, heimlich – nein, kein erotisches, sondern ein nihilistisches. Es hieß: ›Über die Würde des menschlichen Lebens‹ und ist streng verboten.«

Wir sahen uns an. Wir tranken.

»Sie glauben also, daß einzelne von denen heimlich lesen?«

»Ich weiß es. Bei jener Dame ist manchmal ein direktes Kränzchen, sie ist oft schon ganz außer sich. Die Buben lesen alles. Aber sie lesen nur, um spötteln zu können. Sie leben in einem Paradies der Dummheit, und ihr Ideal ist der Hohn. Es kommen kalte Zeiten, das Zeitalter der Fische.«

»Der Fische?«

»Ich bin zwar nur ein Amateurastrolog, aber die Erde dreht sich in das Zeichen der Fische hinein. Da wird die Seele des Menschen unbeweglich wie das Antlitz eines Fisches.« – –

Das ist alles, was ich von der langen Debatte mit Julius Caesar behielt. Ich weiß nur noch, daß er, während ich sprach, öfters seinen Totenkopf illuminierte, um mich zu irritieren. Aber ich ließ mich nicht, obwohl ich sinnlos betrunken war. –

Dann erwache ich in einem fremden Zimmer. Ich lieg in einem anderen Bett. Es ist finster, und ich höre wen ruhig atmen. Es ist eine Frau – aha. Sie schläft. Bist du blond, schwarz, braun, rot? Ich erinnere mich nicht. Wie siehst du denn aus? Soll ich die Lampe andrehen?

Nein. Schlaf nur zu.

Vorsichtig stehe ich auf und trete ans Fenster.

Es ist noch Nacht. Ich sehe nichts. Keine Straße, kein Haus. Alles nur Nebel. Und der Schein einer fernen Laterne fällt auf den Nebel, und der Nebel sieht aus wie Wasser. Als wäre mein Fenster unter dem Meer.

Ich schau nicht mehr hinaus.

Sonst schwimmen die Fische ans Fenster und schauen herein.

Der Tormann

Als ich morgens nach Hause kam, erwartete mich bereits meine Hausfrau. Sie war sehr aufgeregt. »Es ist ein Herr da«, sagte sie, »er wartet auf Sie schon seit zwanzig Minuten, ich hab ihn in den Salon gesetzt. Wo waren Sie denn?«

»Bei Bekannten. Sie wohnen auswärts, und ich habe den letzten Zug verpaßt, drum blieb ich gleich draußen über Nacht.«

Ich betrat den Salon.

Dort stand ein kleiner, bescheidener Mann neben dem Piano. Er blätterte im Musikalbum, ich erkannte ihn nicht sogleich. Er hatte entzündete Augen. Übernächtig, ging es mir durch den Sinn. Oder hat er geweint? »Ich bin der Vater des W«, sagte er, »Herr Lehrer, Sie müssen mir helfen, es ist etwas Entsetzliches passiert! Mein Sohn wird sterben!«

»Was?!«

»Ja, er hat sich doch so furchtbar erkältet, heut vor acht Tagen beim Fußball im Stadion, und der Arzt meint, nur ein Wunder könne ihn retten, aber es gibt keine Wunder, Herr Lehrer. Die Mutter weiß es noch gar nicht, ich wagte es ihr noch nicht mitzuteilen – mein Sohn ist nur noch manchmal bei Besinnung, Herr Lehrer, sonst hat er immer nur seine Fieberphantasien, aber wenn er bei Besinnung ist, verlangt er immer so sehr, jemanden zu sehen –«

»Mich?«

»Nein, nicht Sie, Herr Lehrer, er möchte den Tormann sehen, den Fußballer, der am letzten Sonntag so gut gespielt haben soll, der ist sein ganzes Ideal! Und ich dachte, Sie wüßten es vielleicht, wo ich diesen Tormann auftreiben könnt, vielleicht wenn man ihn bittet, daß er kommt.«

»Ich weiß, wo er wohnt«, sagte ich; »und ich werde mit ihm sprechen. Gehen Sie nur nach Hause, ich bring den Tormann mit!«

Er ging.

Ich zog mich rasch um und ging auch. Zum Tormann.

Er wohnt in meiner Nähe. Ich kenne sein Sportgeschäft, das seine Schwester führt.

Da es Sonntag war, war es geschlossen. Aber der Tormann wohnt im selben Haus, im dritten Stock.

Er frühstückte gerade. Das Zimmer war voller Trophäen. Er war sofort bereit, mitzukommen. Er ließ sogar sein Frühstück

19

stehen und lief vor mir die Treppen hinab. Er nahm für uns beide ein Taxi und ließ mich nicht zahlen.

In der Haustür empfing uns der Vater. Er schien noch kleiner geworden zu sein. »Er ist nicht bei sich«, sagte er leise, »und der Arzt ist da, aber kommen Sie nur herein, meine Herren! Ich danke Ihnen vielmals, Herr Tormann!«

Das Zimmer war halbdunkel, und in der Ecke stand ein breites Bett. Dort lag er. Sein Kopf war hochrot, und es fiel mir ein, daß er der Kleinste der Klasse war. Seine Mutter war auch klein.

Der große Tormann blieb verlegen stehen. Also hier lag einer seiner ehrlichsten Bewunderer. Einer von den vielen tausend, die ihm zujubeln, die am meisten schreien, die seine Biographie kennen, die ihn um Autogramme bitten, die so gerne hinter seinem Tor sitzen und die er durch die Ordner immer wieder vertreiben läßt. Er setzte sich still neben das Bett und sah ihn an.

Die Mutter beugte sich über das Bett. »Heinrich«, sagte sie, »der Tormann ist da.«

Der Junge öffnete die Augen und erblickte den Tormann. »Fein«, lächelte er.

»Ich bin gekommen«, sagte der Tormann, »denn du wolltest mich sehen.«

»Wann spielt ihr gegen England?« fragte der Junge.

»Das wissen die Götter«, meinte der Tormann, »sie streiten sich im Verband herum. Wir haben Terminschwierigkeiten – ich glaub, wir werden eher noch gegen Schottland spielen.«

»Gegen die Schotten gehts leichter –«

»Oho! Die Schotten schießen ungeheuer rasch und aus jeder Lage.«

»Erzähl, erzähl!«

Und der Tormann erzählte. Er sprach von berühmtgewordenen Siegen und unverdienten Niederlagen, von strengen Schiedsrichtern und korrupten Linienrichtern. Er stand auf, nahm zwei Stühle, markierte mit ihnen das Tor und demonstrierte, wie er einst zwei Elfer hintereinander abgewehrt hatte. Er zeigte seine Narbe auf der Stirne, die er sich in Lissabon bei einer tollkühnen Parade geholt hatte. Und er sprach von fernen Ländern, in denen er sein Heiligtum hütete, von Afrika, wo die Beduinen mit dem Gewehr im Publikum sitzen, und von der schönen Insel Malta, wo das Spielfeld leider aus Stein besteht –

Und während der Tormann erzählte, schlief der kleine W ein. Mit einem seligen Lächeln, still und friedlich. – – –

Das Begräbnis fand an einem Mittwoch statt, nachmittags um halb zwei. Die Märzsonne schien, Ostern war nicht mehr weit.

Wir standen um das offene Grab. Der Sarg lag schon drunten.

Der Direktor war anwesend mit fast allen Kollegen, nur der Physiker fehlte, ein Sonderling. Der Pfarrer hielt die Grabrede, die Eltern und einige Verwandte verharrten regungslos. Und im Halbkreis uns gegenüber standen die Mitschüler des Verstorbenen, die ganze Klasse, alle fünfundzwanzig.

Neben dem Grab lagen die Blumen. Ein schöner Kranz trug auf einer gelb-grünen Schleife die Worte: »Letzte Grüße Dein Tormann.«

Und während der Pfarrer von der Blume sprach, die blüht und bricht, entdeckte ich den N.

Er stand hinter dem L, H und F.

Ich beobachtete ihn. Nichts rührte sich in seinem Gesicht.

Jetzt sah er mich an.

Er ist dein Todfeind, fühlte ich. Er hält dich für deinen Verderber. Wehe, wenn er älter wird! Dann wird er alles zerstören, selbst die Ruinen deiner Erinnerung.

Er wünscht dir, du lägest jetzt da drunten. Und er wird auch dein Grab vernichten, damit es niemand erfährt, daß du gelebt hast.

Du darfst es dir nicht anmerken lassen, daß du weißt, was er denkt, ging es mir plötzlich durch den Sinn. Behalt sie für dich, deine bescheidenen Ideale, es werden auch nach einem N noch welche kommen, andere Generationen – glaub nur ja nicht, Freund N, daß du meine Ideale überleben wirst! Mich vielleicht.

Und wie ich so dachte, spürte ich, daß mich außer dem N noch einer anstarrt. Es war der T.

Er lächelte leise, überlegen und spöttisch.

Hat er meine Gedanken erraten?

Er lächelte noch immer, seltsam starr.

Zwei helle runde Augen schauen mich an. Ohne Schimmer, ohne Glanz.

Ein Fisch?

Der totale Krieg

Vor drei Jahren erließ die Aufsichtsbehörde eine Verordnung, durch welche sie die üblichen Osterferien in gewisser Hinsicht aufhob. Es erging nämlich die Weisung an alle Mittelschulen, anschließend an das Osterfest die Zeltlager zu beziehen. Unter »Zeltlager« verstand man eine vormilitärische Ausbildung. Die Schüler mußten klassenweise auf zehn Tage in die sogenannte freie Natur hinaus und dort wie die Soldaten in Zelten kampieren, unter Aufsicht des Klassenvorstands. Sie wurden von Unteroffizieren im Ruhestand ausgebildet, mußten exerzieren, marschieren und vom vierzehnten Lebensjahre ab auch schießen. Natürlich waren die Schüler begeistert dabei, und wir Lehrer freuten uns auch, denn auch wir spielen gerne Indianer.

Am Osterdienstag konnten also die Bewohner eines abgelegenen Dorfes einen mächtigen Autobus anrollen sehen. Der Chauffeur hupte, als käme die Feuerwehr; Gänse und Hühner flohen entsetzt, die Hunde bellten, und alles lief zusammen. »Die Buben sind da! Die Buben aus der Stadt!« Wir sind um acht Uhr früh von unserem Gymnasium abgefahren, und jetzt war es halb drei, als wir vor dem Gemeindeamt hielten.

Der Bürgermeister begrüßt uns, der Gendarmerieinspektor salutiert. Der Lehrer des Dorfes ist natürlich am Platz, und dort eilt auch schon der Pfarrer herbei, er hat sich verspätet, ein runder freundlicher Herr.

Der Bürgermeister zeigt mir auf der Landkarte, wo sich unser Zeltlager befindet. Eine gute Stunde weit, wenn man gemütlich geht. »Der Feldwebel ist bereits dort«, sagt der Inspektor, »zwei Pioniere haben auf einem Pionierwagen die Zeltbahnen hinaufgeschafft, schon in aller Herrgottsfrüh!«

Während die Jungen aussteigen und ihr Gepäck zusammenklauben, betrachte ich noch die Landkarte: das Dorf liegt 761 Meter hoch über dem fernen Meere, wir sind schon sehr in der Nähe der großen Berge, lauter Zweitausender. Aber hinter denen stehen erst die ganz hohen und dunklen mit dem ewigen Schnee.

»Was ist das?« frage ich den Bürgermeister und deute auf einen Gebäudekomplex auf der Karte, am westlichen Rande des Dorfes. »Das ist unsere Fabrik«, sagt der Bürgermeister, »das größte Sägewerk im Bezirk, aber leider wurde es voriges Jahr stillgelegt. Aus Rentabilitätsgründen« – fügt er noch hinzu und lächelt. »Jetzt haben wir viele Arbeitslose, es ist eine Not.«

Der Lehrer mischt sich ins Gespräch und setzt es mir auseinander, daß das Sägewerk einem Konzern gehört, und ich merke, daß er mit den Aktionären und Aufsichtsräten nicht sympathisiert. Ich auch nicht. Das Dorf sei arm, erklärt er mir weiter, die Hälfte lebe von Heimarbeit mit einem empörenden Schundlohn, ein Drittel der Kinder sei unterernährt – »Jaja«, lächelt der Gendarmerieinspektor, »und das alles in der schönen Natur!«

Bevor wir zum Zeltlager aufbrechen, zieht mich noch der Pfarrer beiseite und spricht: »Hörens mal, verehrter Herr Lehrer, ich möchte Sie nur auf eine Kleinigkeit aufmerksam machen: anderthalb Stunden von Ihrem Lagerplatz befindet sich ein Schloß, der Staat hats erworben, und jetzt sind dort Mädchen einquartiert, so ungefähr im Alter Ihrer Buben da. Und die Mädchen laufen auch den ganzen Tag und die halbe Nacht umher, passens ein bißchen auf, daß mir keine Klagen kommen« – er lächelt.

»Ich werde aufpassen.«

»Nichts für ungut«, meint er, »aber wenn man fünfunddreißig Jahre im Beichtstuhl verbracht hat, wird man skeptisch bei anderthalb Stund Entfernung.« Er lacht. »Kommens mal zu mir, Herr Lehrer, ich hab einen prima neuen Wein bekommen!«

Um drei Uhr marschieren wir ab. Zuerst durch eine Schlucht, dann rechts einen Hang empor. In Serpentinen. Wir sehen ins Tal zurück. Es riecht nach Harz, der Wald ist lang. Endlich wird es lichter: vor uns liegt die Wiese, unser Platz. Wir kamen den Bergen immer näher.

Der Feldwebel und die beiden Pioniere sitzen auf Zeltbahnen und spielen Karten. Als sie uns kommen sehen, stehen sie rasch auf, und der Feldwebel stellt sich mir militärisch vor. Ein ungefähr fünfzigjähriger Mann in der Reserve. Er trägt eine einfache Brille, sicher kein unrechter Mensch.

Nun gehts an die Arbeit. Der Feldwebel und die Pioniere zeigen den Jungen, wie man Zelte baut, auch ich baue mit. In der Mitte des Lagers lassen wir ein Viereck frei, dort hissen wir unsere Fahne. Nach drei Stunden steht die Stadt. Die Pioniere salutieren und steigen ins Dorf hinab.

Neben der Fahnenstange liegt eine große Kiste: dort sind die Gewehre drin. Die Schießscheiben werden aufgestellt: hölzerne Soldaten in einer fremden Uniform.

Der Abend kommt, wir zünden Feuer an und kochen ab. Es schmeckt uns gut, und wir singen Soldatenlieder. Der Feldwebel trinkt einen Schnaps und wird heiser.

Jetzt weht der Bergwind.

»Der kommt von den Gletschern«, sagen die Jungen und husten.

Ich denke an den toten W.

Ja, du warst der Kleinste der Klasse – und der Freundlichste. Ich glaube, du wärest der einzige gewesen, der nichts gegen

24

die Neger geschrieben hätt. Drum mußtest du auch weg. Wo bist du jetzt?

Hat dich ein Engel geholt, wie im Märchen?

Flog er mit dir dorthin, wo all die seligen Fußballer spielen? Wo auch der Tormann ein Engel ist und vor allem der Schiedsrichter, der abpfeift, wenn einer dem Ball nachfliegt? Denn das ist im Himmel das Abseits. Sitzt du gut? Natürlich! Dort droben sitzt jeder auf der Tribüne, erste Reihe, Mitte, während die bösen Ordner, die dich immer hinter dem Tor vertrieben, jetzt hinter lauter Riesen stehen und nicht aufs Spielfeld schauen können. – –

Es wird Nacht.

Wir gehen schlafen. »Morgen beginnt der Ernst!« meint der Feldwebel.

Er schläft mit mir im selben Zelt.

Ich entzünde noch mal meine Taschenlampe, um nach der Uhr zu sehen, und entdecke dabei auf der Zeltwand neben mir einen braunroten Fleck.

Was ist das?

Und ich denke, morgen beginnt der Ernst. Ja, der Ernst. In einer Kiste neben der Fahnenstange liegt der Krieg. Ja, der Krieg.

Wir stehen im Feld.

Und ich denke an die beiden Pioniere, an den Feldwebel in der Reserve, der noch kommandieren muß, und an die hölzernen Soldaten, an denen man das Schießen lernt; der Direktor fällt mir ein, der N und sein Vater, der Herr Bäckermeister bei Philippi; und ich denke an das Sägewerk, das nicht mehr sägt, und an die Aktionäre, die trotzdem mehr verdienen, an den Gendarmen, der lächelt, an den Pfarrer, der trinkt, an die Neger, die nicht leben müssen, an die Heimarbeiter, die nicht leben können, an die Aufsichtsbehörde und an die unterernährten Kinder. Und an die Fische.

Wir stehen alle im Feld. Doch wo ist die Front?

Der Nachtwind weht, der Feldwebel schnarcht.

Was ist das für ein braunroter Fleck? Blut?

Die Sonne kommt, wir stehen auf. Wir waschen uns im Bach und kochen Tee. Nach dem Frühstück läßt der Feldwebel die Jungen der Größe nach in zwei Reihen hintereinander antreten. Sie zählen ab, er teilt sie ein, in Züge und Gruppen. »Heut wird noch nicht geschossen«, sagt er, »heut wird erst ein bißchen exerziert!«

Er kontrolliert scharf, ob die Reihen schnurgerad stehen. Das eine Auge kneift er zu: »Etwas vor, etwas zurück – besonders der dritte dort hinten, der steht ja einen Kilometer zu weit vorn!« Der dritte ist der Z. Wie schwer sich der einreihen läßt, wunder ich mich, und plötzlich hör ich die Stimme des N. Er fährt den Z an: »Hierher, Idiot!«

»Nanana!« meint der Feldwebel. »Nur nicht grob werden! Das war mal, daß man die Soldaten beschimpft hat, aber heut gibts keine Beleidigungen mehr, merk dir das, ja?!«

Der N schweigt. Er wird rot und trifft mich mit einem flüchtigen Blick. Jetzt könnt er dich aber gleich erwürgen, fühle ich, denn er ist der Blamierte. Es freut mich, aber ich lächle nicht.

»Regiment marsch!« kommandiert der Feldwebel, und dann zieht es davon, das Regiment. Vorne die Großen, hinten die Kleinen. Bald sind sie im Wald verschwunden.

Zwei blieben mit mir im Lager zurück, ein M und ein B. Sie schälen Kartoffeln und kochen die Suppe. Sie schälen mit stummer Begeisterung.

»Herr Lehrer!« ruft plötzlich der M. »Schauens mal, was dort anmarschiert kommt!« Ich schaue hin: in militärischer Ordnung marschieren etwa zwanzig Mädchen auf uns zu, sie tragen schwere Rucksäcke, und als sie näher kommen, hören wir, daß sie singen. Sie singen Soldatenlieder mit zirpendem Sopran. Der B lacht laut.

Jetzt erblicken sie unser Zeltlager und halten. Die Führerin spricht auf die Mädchen ein und geht dann allein auf uns zu. Zirka zweihundert Meter. Ich geh ihr entgegen.

Wir werden bekannt, sie ist Lehrerin in einer größeren Provinzstadt, und die Mädchen gehen in ihre Klasse. Jetzt wohnen sie in einem Schloß, es sind also dieselben, vor denen mich der Herr Pfarrer warnte. Ich begleite meine Kollegin zurück, die Mädchen starren mich an wie Kühe auf der Weide. Nein, der Herr Pfarrer braucht sich keine Sorge zu machen, denn, alles was recht ist, einladend sehen diese Geschöpfe nicht aus!

Verschwitzt, verschmutzt und ungepflegt, bieten sie dem Betrachter keinen erfreulichen Anblick.

Die Lehrerin scheint meine Gedanken zu erraten, sie ist also wenigstens noch in puncto Gedankenlesen ein Weib und setzt mir folgendes auseinander: »Wir berücksichtigen weder Flitter noch Tand, wir legen mehr Wert auf das Leistungsprinzip als auf das Darbietungsprinzip.«

Ich will mich mit ihr nicht über den Unwert der verschiedenen Prinzipien auseinandersetzen, sage nur: »Aha!« und denke mir, neben diesen armen Tieren ist ja selbst der N noch ein Mensch.

»Wir sind eben Amazonen«, fährt die Lehrerin fort. Aber die Amazonen sind nur eine Sage, doch ihr seid leider Realität. Lauter mißleitete Töchter der Eva!

Julius Caesar fällt mir ein.

Er kann sich für keine rucksacktragende Venus begeistern. Ich auch nicht. –

Bevor sie weitermarschieren, erzählt mir die Lehrerin noch, die Mädchen würden heut vormittag den verschollenen Flieger suchen. Wieso, ist einer abgestürzt? Nein, das »Verschollenen-Flieger-Suchen« sei nur ein neues wehrsportliches Spiel für die weibliche Jugend. Ein großer weißer Karton wird irgendwo im Unterholz versteckt, die Mädchen schwärmen in Schwarmlinie durch das Unterholz und suchen den versteckten Karton. »Es ist für den Fall eines Krieges gedacht«, fügt sie noch erläuternd hinzu, »damit wir gleich eingesetzt werden können, wenn einer abgestürzt ist. Im Hinterland natürlich, denn Weiber kommen ja leider nicht an die Front.«

Leider!

Dann ziehen sie weiter in militärischer Ordnung. Ich seh ihnen nach: vom vielen Marschieren wurden die kurzen Beine immer kürzer. Und dicker.

Marschiert nur zu, Mütter der Zukunft!

Unkraut

Der Himmel ist zart, die Erde blaß. Die Welt ist ein Aquarell mit dem Titel: »April«.

Ich geh um das Lager herum und folge dann einem Feldweg. Was liegt dort hinter dem Hügel?

Der Weg macht eine große Krümmung, er weicht dem Unterholz aus. Die Luft ist still wie die ewige Ruh. Nichts brummt, nichts summt. Die meisten Käfer schlafen noch.

Hinter dem Hügel liegt in einer Mulde ein einsamer Bauernhof. Kein Mensch ist zu sehen. Auch der Hund scheint fortgegangen zu sein. Ich will schon hinabsteigen, da halte ich unwillkürlich, denn plötzlich erblicke ich hinter der Hecke an der schmalen Straße, die am Hof vorbeiführt, drei Gestalten. Es sind Kinder, die sich verstecken, zwei Buben und ein Mädchen. Die Buben dürften dreizehn Jahre alt sein, das Mädchen vielleicht zwei Jahre älter. Sie sind barfuß. Was treiben sie dort, warum verstecken sie sich? Ich warte. Jetzt erhebt sich der eine Bub und geht auf den Hof zu, plötzlich schrickt er zusammen und verkriecht sich rasch wieder hinter der Hecke. Ich höre einen Wagen rasseln. Ein Holzfuhrwerk mit schweren Pferden fährt langsam vorbei. Als es nicht mehr zu sehen ist, geht der Bub wieder auf den Hof zu, er tritt an die Haustür und klopft. Er muß mit einem Hammer geklopft haben, denke ich, denn es dröhnte so laut. Er lauscht und die beiden anderen auch. Das Mädel hat sich emporgereckt und schaut über die Hecke. Sie ist groß und schlank, geht es mir durch den Sinn. Jetzt klopft der Bub wieder, noch lauter. Da öffnet sich die Haustür und eine alte Bäuerin erscheint, sie geht ge-

28

bückt auf einen Stock. Sie sieht sich um, als würde sie schnuppern. Der Bub gibt keinen Ton von sich. Plötzlich ruft die Alte: »Wer ist denn da?!« Warum ruft sie, wenn der Bub vor ihr steht? Jetzt schreit sie wieder: »Wer ist denn da?!« Sie geht mit dem Stock tastend an dem Buben vorbei, sie scheint ihn nicht zu sehen — ist sie denn blind? Das Mädel deutet auf die offene Haustür, es sieht aus, als wärs ein Befehl, und der Bub schleicht auf Zehenspitzen ins Haus hinein. Die Alte steht und lauscht. Ja, sie ist blind. Jetzt klirrts im Haus, als wär ein Teller zerbrochen. Die Blinde zuckt furchtbar zusammen und brüllt: »Hilfe! Hilfe!« — da stürzt das Mädel auf sie los und hält ihr den Mund zu, der Bub erscheint in der Haustür mit einem Laib Brot und einer Vase, das Mädel schlägt der Alten den Stock aus der Hand — ich rase hinab. Die Blinde wankt, stolpert und stürzt, die drei Kinder sind verschwunden.

Ich bemühe mich um die Alte, sie wimmert. Ein Bauer eilt herbei, er hat das Geschrei gehört und hilft mir. Wir bringen sie in das Haus, und ich erzähle dem Bauer, was ich beobachtet habe. Er ist nicht sonderlich überrascht: »Jaja, sie haben die Mutter herausgelockt, damit sie durch die offene Tür hinein können; es ist immer dieselbe Bagage, man faßt sie nur nicht. Sie stehlen wie die Raben, eine ganze Räuberbande!«

»Kinder?!«

»Ja«, nickt der Bauer, »auch drüben im Schloß, wo die Mädeln liegen, haben sie schon gestohlen. Erst unlängst die halbe Wäsch. Passens nur auf, daß sie Ihnen im Lager keinen Besuch abstatten!«

»Nein — nein! Wir passen schon auf!«

»Denen trau ich alles zu. Es ist Unkraut und gehört vertilgt!«

Der verschollene Flieger

Ich gehe ins Lager zurück. Die Blinde hat sich beruhigt und war mir dankbar. Wofür? Ist es denn nicht selbstverständlich, daß ich sie nicht auf dem Boden liegen ließ? Eine verrohte Gesellschaft, diese Kinder!

Ich halte plötzlich, denn es wird mir ganz seltsam zumute. Ich entrüste mich ja gar nicht über diesen Roheitsakt, geschweige denn über das gestohlene Brot, ich verurteile nur. Warum bin ich nur nicht empört? Weil es arme Kinder sind, die nichts zum Fressen haben? Nein, das ist es nicht.

Der Weg macht eine große Krümmung, und ich schneide ihn ab. Das darf ich mir ruhig leisten, denn ich habe einen guten Orientierungssinn und werde das Zeltlager finden.

Ich gehe durch das Unterholz. Hier steht das Unkraut und gedeiht. Immer muß ich an das Mädel denken, wie es sich reckt und über die Hecke schaut. Ist sie der Räuberhauptmann? Ihre Augen möchte ich sehen. Nein, ich bin kein Heiliger!

Das Dickicht wird immer schlimmer.

Was liegt denn dort?

Ein weißer Karton. Darauf steht mit roten Buchstaben: »Flugzeug«. Ach, der verschollene Flieger! Sie haben ihn noch nicht gefunden.

Also hier bist du abgestürzt? War es ein Luftkampf oder ein Abwehrgeschütz? Bist du ein Bomber gewesen? Jetzt liegst du da, zerschmettert, verbrannt, verkohlt. Karton, Karton!

Oder lebst du noch? Bist schwer verwundet, und sie finden dich nicht? Bist ein feindlicher oder ein eigener? Wofür stirbst du jetzt, verschollener Flieger? Karton! Karton!

Und da höre ich eine Stimme: »Niemand kann das ändern« – es ist die Stimme einer Frau. Traurig und warm.

Sie klingt aus dem Dickicht.

Vorsichtig biege ich die Äste zurück.

Dort sitzen zwei Mädchen vom Schloß. Mit den Beinen, kurz und dick. Die eine hält einen Kamm in der Hand, die andere weint.

»Was geht er mich denn an, der verschollene Flieger?« schluchzt sie. »Was soll ich denn da im Wald herumlaufen? Schau, wie meine Beine geschwollen sind, ich möcht nicht mehr marschieren! Von mir aus soll er draufgehen, der verschollene Flieger, ich möcht auch leben! Nein, ich will fort, Annie, fort! Nur nicht mehr im Schloß schlafen, das ist ja ein Zuchthaus! Ich möcht mich waschen und kämmen und bürsten!«

»Sei ruhig«, tröstet sie Annie und kämmt ihr liebevoll das fette Haar aus dem verweinten Gesicht. »Was sollen wir armen Mädchen tun? Auch die Lehrerin hat neulich heimlich geweint. Mama sagt immer, die Männer sind verrückt geworden und machen die Gesetze.«

Ich horche auf. Die Männer?

Jetzt küßt Annie ihre Freundin auf die Stirne, und ich schäme mich. Wie schnell war ich heut mit dem Spott dabei!

Ja, vielleicht hat Annies Mama recht. Die Männer sind verrückt geworden, und die nicht verrückt geworden sind, denen fehlt der Mut, die tobenden Irrsinnigen in die Zwangsjacken zu stecken.

Ja, sie hat recht.

Auch ich bin feig.

Geh heim!

Ich betrete das Lager. Die Kartoffeln sind geschält, die Suppe dampft. Das Regiment ist wieder zu Haus. Die Jungen sind munter, nur der Feldwebel klagt über Kopfschmerzen. Er hat sich etwas überanstrengt, doch will ers nicht zugeben. Plötzlich fragt er: »Für wie alt halten Sie mich, Herr Lehrer?« »Zirka fünfzig.« »Dreiundsechzig«, lächelt er geschmeichelt. »Ich war sogar im Weltkrieg schon Landsturm.« Ich fürchte, er beginnt, Kriegserlebnisse zu erzählen, aber ich fürchte mich umsonst. »Reden wir lieber nicht vom Krieg«, sagt er, »ich hab drei erwachsene Söhne.« Er betrachtet sinnend die Berge und schluckt das Aspirin. Ein Mensch.

Ich erzähl ihm von der Räuberbande. Er springt auf und läßt die Jungen sofort antreten. Er hält eine Ansprache an sein Regiment: in der Nacht würden Wachen aufgestellt werden, je vier Jungen für je zwei Stunden. Osten, Westen, Süden, Norden. Das Lager müßte verteidigt werden, Gut mit Blut, bis zum letzten Mann!

Die Jungen schreien begeistert »Hurra!«

»Komisch«, meint der Feldwebel, »jetzt hab ich keine Kopfschmerzen mehr« – –

Nach dem Mittagessen steig ich ins Dorf hinab. Ich muß mit dem Bürgermeister verschiedene Fragen ordnen: einige Formalitäten und die Nahrungsmittelzufuhr; denn ohne zu essen, kann man nicht exerzieren.

Beim Bürgermeister treffe ich den Pfarrer, und er läßt nicht locker, ich muß zu ihm mit, seinen neuen prima Wein probieren. Ich trinke gern, und der Pfarrer ist ein gemütlicher Herr.

Wir gehen durchs Dorf, und die Bauern grüßen den Pfarrer. Er führt mich den kürzesten Weg zum Pfarrhaus. Jetzt biegen wir in eine Seitenstraße. Hier hören die Bauern auf. »Hier wohnen die Heimarbeiter«, sagt der Pfarrer und blickt zum Himmel empor.

Die grauen Häuser stehen dicht beieinander. An den offenen Fenstern sitzen lauter Kinder mit weißen, alten Gesichtern und bemalen bunte Puppen. Hinter ihnen ist es schwarz. »Sie sparen das Licht«, sagt der Pfarrer und fügt noch hinzu: »Sie grüßen mich nicht, sie sind verhetzt.« Er beginnt plötzlich schneller zu gehen. Ich gehe gerne mit.

Die Kinder sehen mich groß an, seltsam starr. Nein, das sind keine Fische, das ist kein Hohn, das ist Haß. Und hinter dem Haß sitzt die Trauer in den finsteren Zimmern. Sie sparen das Licht, denn sie haben kein Licht.

Das Pfarrhaus liegt neben der Kirche. Die Kirche ist ein strenger Bau, das Pfarrhaus liegt gemächlich da. Um die Kirche herum liegt der Friedhof, um das Pfarrhaus herum ein Garten. Im Kirchturm läuten die Glocken, aus dem Rauchfang des Pfarrhauses steigt blauer Dunst. Im Garten des Todes blühen die weißen Blumen, im Garten des Pfarrers wächst das Gemüse. Dort stehen Kreuze, hier steht ein Gartenzwerg. Und ein ruhendes Reh. Und ein Pilz.

Im Pfarrhaus drinnen ist Sauberkeit. Kein Stäubchen fliegt durch die Luft. Im Friedhof daneben wird alles zu Staub.

Der Pfarrer führt mich in sein schönstes Zimmer. »Nehmen Sie Platz, ich hole den Wein!«

Er geht in den Keller, ich bleibe allein.

Ich setze mich nicht.

An der Wand hängt ein Bild.

Ich kenne es.

Es hängt auch bei meinen Eltern.

Sie sind sehr fromm.

Es war im Krieg, da habe ich Gott verlassen. Es war zuviel verlangt von einem Kerl in den Flegeljahren, daß er begreift, daß Gott einen Weltkrieg zuläßt.

Ich betrachte noch immer das Bild.

Gott hängt am Kreuz. Er ist gestorben. Maria weint, und Johannes tröstet sie. Den schwarzen Himmel durchzuckt ein Blitz. Und rechts im Vordergrunde steht ein Krieger in Helm und Panzer, der römische Hauptmann.

Und wie ich das Bild so betrachte, bekomme ich Sehnsucht nach meinem Vaterhaus.

Ich möchte wieder klein sein.

Aus dem Fenster schauen, wenn es stürmt.

Wenn die Wolken niedrig hängen, wenn es donnert, wenn es hagelt.

Wenn der Tag dunkel wird.

Und es fällt mir meine erste Liebe ein. Ich möcht sie nicht wiedersehen.

Geh heim!

Und es fällt mir die Bank ein, auf der ich saß und überlegte: was willst du werden? Lehrer oder Arzt?

Lieber als Arzt wollte ich Lehrer werden. Lieber als Kranke heilen, wollte ich Gesunden etwas mitgeben, einen winzigen Stein für den Bau einer schöneren Zukunft.

Die Wolken ziehen, jetzt kommt der Schnee.

Geh heim!

Heim, wo du geboren wurdest. Was suchst du noch auf der Welt?

Mein Beruf freut mich nicht mehr.

Geh heim!

Auf der Suche nach den Idealen der Menschheit

Der Wein des Pfarrers schmeckt nach Sonne. Aber der Kuchen nach Weihrauch. Wir sitzen in der Ecke.
Er hat mir sein Haus gezeigt.
Seine Köchin ist fett. Sicher kocht sie gut.
»Ich esse nicht viel«, sagt plötzlich der Pfarrer.
Hat er meine Gedanken erraten?
»Ich trinke aber um so mehr«, sagte er und lacht.
Ich kann nicht recht lachen. Der Wein schmeckt und schmeckt doch nicht. Ich rede und stocke, immer wieder befangen. Warum nur?
»Ich weiß, was Sie beschäftigt«, meint der Pfarrer, »Sie denken an die Kinder, die in den Fenstern sitzen und die Puppen bemalen und mich nicht grüßen.«
Ja, an die Kinder denke ich auch.
»Es überrascht Sie, wie mir scheint, daß ich Ihre Gedanken errate, aber das fällt mir nicht schwer, denn der Herr Lehrer hier im Dorfe sieht nämlich auch überall nur jene Kinder. Wir debattieren, wo wir uns treffen. Mit mir kann man nämlich ruhig reden, ich gehöre nicht zu jenen Priestern, die nicht hinhören oder böse werden, ich halte es mit dem heiligen Ignatius, der sagt: ›Ich gehe mit jedem Menschen durch seine Tür herein, um ihn bei meiner Tür hinauszuführen.‹«
Ich lächle ein wenig und schweige.
Er trinkt sein Glas aus.
Ich schau ihn abwartend an. Noch kenne ich mich nicht aus.
»Die Ursache der Not«, fährt er fort, »besteht nicht darin, daß mir der Wein schmeckt, sondern darin, daß das Sägewerk

nicht mehr sägt. Unser Lehrer ist hier der Meinung, daß wir durch die überhastete Entwicklung der Technik andere Produktionsverhältnisse brauchen und eine ganz neuartige Kontrolle des Besitzes. Er hat recht. Warum schauen Sie mich so überrascht an?«

»Darf man offen reden?«

»Nur!«

»Ich denke, daß die Kirche immer auf der Seite der Reichen steht.«

»Das stimmt. Weil sie muß.«

»Muß?«

»Kennen Sie einen Staat, in dem nicht die Reichen regieren? ›Reichsein‹ ist doch nicht nur identisch mit ›Geldhaben‹ – und wenn es keine Sägewerksaktionäre mehr geben wird, dann werden eben andere Reiche regieren, man braucht keine Aktien, um reich zu sein. Es wird immer Werte geben, von denen einige Leute mehr haben werden als alle übrigen zusammen. Mehr Sterne am Kragen, mehr Streifen am Ärmel, mehr Orden auf der Brust, sichtbar oder unsichtbar, denn arm und reich wird es immer geben, genau wie dumm und gescheit. Und der Kirche, Herr Lehrer, ist leider nicht die Macht gegeben, zu bestimmen, wie ein Staat regiert werden soll. Es ist aber ihre Pflicht, immer auf seiten des Staates zu stehen, der leider immer nur von den Reichen regiert werden wird.«

»Ihre Pflicht?«

»Da der Mensch von Natur aus ein geselliges Wesen ist, ist er auf eine Verbindung in Familie, Gemeinde und Staat angewiesen. Der Staat ist eine rein menschliche Einrichtung, die nur den einen Zweck haben soll, die irdische Glückseligkeit nach Möglichkeit herzustellen. Er ist naturnotwendig, also gottgewollt, der Gehorsam ihm gegenüber Gewissenspflicht.«

»Sie wollen doch nicht behaupten, daß zum Beispiel der heutige Staat nach Möglichkeit irdische Glückseligkeiten herstellt?«

»Das behaupte ich keineswegs, denn die ganze menschliche Gesellschaft ist aufgebaut auf Eigenliebe, Heuchelei und roher Gewalt. Wie sagt Pascal? ›Wir begehren die Wahrheit und finden in uns nur Ungewißheit. Wir suchen das Glück und finden nur Elend und Tod.‹ Sie wundern sich, daß ein einfacher Bauernpfarrer Pascal zitiert – nun, Sie müssen sich nicht wundern, denn ich bin kein einfacher Bauernpfarrer, ich wurde nur für einige Zeit hierher versetzt. Wie man so zu sagen pflegt, gewissermaßen strafversetzt« – er lächelt: »Jaja, nur selten wird einer heilig, der niemals unheilig, nur selten einer weise, der nie dumm gewesen ist! Und ohne die kleinen Dummheiten des Lebens wären wir ja alle nicht auf der Welt.«

Er lacht leise, aber ich lache nicht mit.

Er leert wieder sein Glas.

Ich frage plötzlich: »Wenn also die staatliche Ordnung gottgewollt –«

»Falsch!« unterbricht er mich. »Nicht die staatliche Ordnung, sondern der Staat ist naturnotwendig, also gottgewollt.«

»Das ist doch dasselbe!«

»Nein, das ist nicht dasselbe. Gott schuf die Natur, also ist gottgewollt, was naturnotwendig ist. Aber die Konsequenzen der Erschaffung der Natur, das heißt in diesem Falle: die Ordnung des Staates, sind ein Produkt des freien menschlichen Willens. Also ist nur der Staat gottgewollt, nicht aber die staatliche Ordnung.«

»Und wenn ein Staat zerfällt?«

»Ein Staat zerfällt nie, es löst sich höchstens seine gesellschaftliche Struktur auf, um einer anderen Platz zu machen. Der Staat selbst bleibt immer bestehen, auch wenn das Volk, das ihn bildet, stirbt. Denn dann kommt ein anderes.«

»Also ist der Zusammenbruch einer staatlichen Ordnung nicht naturnotwendig?«

Er lächelt: »Manchmal ist solch ein Zusammenbruch sogar gottgewollt.«

»Warum nimmt also die Kirche, wenn die gesellschaftliche

Struktur eines Staates zusammenbricht, immer die Partei der Reichen? Also in unserer Zeit: warum stellt sich die Kirche immer auf die Seite der Sägewerksaktionäre und nicht auf die Seite der Kinder in den Fenstern?«

»Weil die Reichen immer siegen.«

Ich kann mich nicht beherrschen: »Eine feine Moral!«

Er bleibt ganz ruhig: »Richtig zu denken, ist das Prinzip der Moral.« Er leert wieder sein Glas. »Ja, die Reichen werden immer siegen, weil sie die Brutaleren, Niederträchtigeren, Gewissenloseren sind. Es steht doch schon in der Schrift, daß eher ein Kamel durch das Nadelöhr geht, denn daß ein Reicher in den Himmel kommt.«

»Und die Kirche? Wird die durch das Nadelöhr kommen?«

»Nein«, sagt er und lächelt wieder, »das wäre allerdings nicht gut möglich. Denn die Kirche ist ja das Nadelöhr.«

Dieser Pfaffe ist verteufelt gescheit, denke ich mir, aber er hat nicht recht. Er hat nicht recht! Und ich sage: »Die Kirche dient also den Reichen und denkt nicht daran, für die Armen zu kämpfen –«

»Sie kämpft auch für die Armen«, fällt er mir ins Wort, »aber an einer anderen Front.«

»An einer himmlischen, was?«

»Auch dort kann man fallen.«

»Wer?«

»Jesus Christus.«

»Aber das war doch der Gott! Und was kam dann?«

Er schenkt mir ein und blickt nachdenklich vor sich hin. »Es ist gut«, meint er leise, »daß es der Kirche heutzutag in vielen Ländern nicht gut geht. Gut für die Kirche.«

»Möglich«, antworte ich kurz und merke, daß ich aufgeregt bin. »Doch kommen wir wieder auf jene Kinder in den Fenstern zurück! Sie sagten, als wir durch die Gasse gingen: ›Sie grüßen mich nicht, sie sind verhetzt.‹ Sie sind doch ein gescheiter Mensch, Sie müssen es doch wissen, daß jene Kinder nicht verhetzt sind, sondern daß sie nichts zum Fressen haben!«

Er sieht mich groß an.

»Ich meinte, sie seien verhetzt«, sagte er langsam, »weil sie nicht mehr an Gott glauben.«

»Wie können Sie das von ihnen verlangen!«

»Gott geht durch alle Gassen.«

»Wie kann Gott durch jene Gasse gehen, die Kinder sehen und ihnen nicht helfen?«

Er schweigt. Er trinkt bedächtig seinen Wein aus. Dann sieht er mich wieder groß an: »Gott ist das Schrecklichste auf der Welt.«

Ich starre ihn an. Hatte ich richtig gehört? Das Schrecklichste?!

Er erhebt sich, tritt an das Fenster und schaut auf den Friedhof hinaus. »Er straft«, höre ich seine Stimme.

Was ist das für ein erbärmlicher Gott, denke ich mir, der die armen Kinder straft!

Jetzt geht der Pfarrer auf und ab.

»Man darf Gott nicht vergessen«, sagt er, »auch wenn wir es nicht wissen, wofür er uns straft. Wenn wir nur niemals einen freien Willen gehabt hätten!«

»Ach, Sie meinen die Erbsünde!«

»Ja.«

»Ich glaube nicht daran.«

Er hält vor mir.

»Dann glauben Sie auch nicht an Gott.«

»Richtig. Ich glaube nicht an Gott.« – –

»Hören Sie«, breche ich plötzlich das Schweigen, denn nun muß ich reden, »ich unterrichte Geschichte und weiß es doch, daß es auch vor Christi Geburt eine Welt gegeben hat, die antike Welt, Hellas, eine Welt ohne Erbsünde –«

»Ich glaube, ihr irrt euch«, fällt er mir ins Wort und tritt an sein Bücherregal. Er blättert in einem Buch. »Da Sie Geschichte unterrichten, muß ich Ihnen wohl nicht erzählen, wer der erste griechische Philosoph war, ich meine: der älteste.«

»Thales von Milet.«

»Ja. Aber seine Gestalt ist noch halb in der Sage, wir wissen nichts Bestimmtes von ihm. Das erste schriftlich erhaltene Dokument der griechischen Philosophie, das wir kennen, stammt von Anaximander, ebenfalls aus der Stadt Milet – geboren 610, gestorben 547 vor Christi Geburt. Es ist nur ein Satz.«

Er geht ans Fenster, denn es beginnt bereits zu dämmern, und liest:

»Woraus die Dinge entstanden sind, darein müssen sie auch wieder vergehen nach dem Schicksal; denn sie müssen Buße und Strafe zahlen für die Schuld ihres Daseins nach der Ordnung der Zeit.«

Der römische Hauptmann

Vier Tage sind wir nun im Lager. Gestern erklärte der Feldwebel den Jungen den Mechanismus des Gewehres, wie man es pflegt und putzt. Heut putzen sie den ganzen Tag, morgen werden sie schießen. Die hölzernen Soldaten warten bereits darauf, getroffen zu werden.

Die Jungen fühlen sich überaus wohl, der Feldwebel weniger. Er ist in diesen vier Tagen zehn Jahre älter geworden. In weiteren vier wird er älter aussehen, als er ist. Außerdem hat er sich den Fuß übertreten und wahrscheinlich eine Sehne verzerrt, denn er hinkt.

Doch er verbeißt seine Schmerzen. Nur mir erzählte er gestern vor dem Einschlafen, er würde schon ganz gern wieder Kegel schieben, Karten spielen, in einem richtigen Bett liegen, eine stramme Kellnerin hinten hineinzwicken, kurz: zu Hause sein. Dann schlief er ein und schnarchte.

Er träumte, er wäre ein General und hätt eine Schlacht gewonnen. Der Kaiser hätt alle seine Orden ausgezogen und selbe ihm an die Brust geheftet. Und an den Rücken. Und die Kaiserin hätt ihm die Füß geküßt.

»Was hat das zu bedeuten?« fragte er mich in aller Früh. »Wahrscheinlich ein Wunschtraum«, sagte ich. Er sagte, er hätte es sich noch nie in seinem Leben gewünscht, daß ihm eine Kaiserin die Füß küßt. »Ich werds mal meiner Frau schreiben«, meinte er nachdenklich, »die hat ein Traumbuch. Sie soll mal nachschauen, was General, Kaiser, Orden, Schlacht, Brust und Rücken bedeuten.«

Während er vor unserem Zelte schrieb, erschien aufgeregt ein Junge, und zwar der L.

»Was gibts?«

»Ich bin bestohlen worden!«

»Bestohlen?«

»Man hat mir meinen Apparat gestohlen, Herr Lehrer, meinen photographischen Apparat!«

Er war ganz außer sich.

Der Feldwebel sah mich an. Was tun? lag in seinem Blick.

»Antreten lassen«, sagte ich, denn mir fiel auch nichts Besseres ein. Der Feldwebel nickte befriedigt, humpelte auf den freien Platz, wo die Fahne wehte, und brüllte wie ein alter Hirsch: »Regiment antreten!«

Ich wandte mich an den L:

»Hast du einen Verdacht?«

»Nein.«

Das Regiment war angetreten. Ich verhörte sie, keiner konnte etwas sagen. Ich ging mit dem Feldwebel in das Zelt, wo der L schlief. Sein Schlafsack lag gleich neben dem Eingang links. Wir fanden nichts.

»Ich halte es für ausgeschlossen«, sagte ich zum Feldwebel, »daß einer der Jungen der Dieb ist, denn sonst wären ja auch mal im Schuljahr Diebstähle vorgekommen. Ich glaube eher, daß die aufgestellten Wachen nicht richtig ihre Pflicht erfüllten, so daß die Räuberbande sich hereinschleichen konnte.«

Der Feldwebel gab mir recht, und wir beschlossen, in der folgenden Nacht die Wachen zu kontrollieren. Aber wie?

Ungefähr hundert Meter vom Lager entfernt stand ein Heuschober. Dort wollten wir übernachten und von dort aus die Wachen kontrollieren. Der Feldwebel von neun bis eins und ich von eins bis sechs.

Nach dem Nachtmahl schlichen wir uns heimlich aus dem Lager. Keiner der Jungen bemerkte uns. Ich machte es mir im Heu bequem. –

Um ein Uhr nachts weckt mich der Feldwebel.

»Bis jetzt ist alles in Ordnung«, meldet er mir. Ich klettere aus dem Heu und postiere mich im Schatten der Hütte. Im Schatten?

Ja, denn es ist eine Vollmondnacht.

Eine herrliche Nacht.

Ich sehe das Lager und erkenne die Wachen. Jetzt werden sie abgelöst.

Sie stehen oder gehen ein paar Schritte hin und her.

Osten, Westen, Norden, Süden – auf jeder Seite einer.

Sie bewachen ihre photographischen Apparate.

Und wie ich so sitze, fällt mir das Bild ein, das beim Pfarrer hängt und auch bei meinen Eltern.

Die Stunden gehen.

Ich unterrichte Geschichte und Geographie.

Ich muß die Gestalt der Erde erklären und ihre Geschichte deuten.

Die Erde ist noch rund, aber die Geschichten sind viereckig geworden.

Jetzt sitze ich da und darf nicht rauchen, denn ich überwache die Wache.

Es ist wahr: mein Beruf freut mich nicht mehr.

Warum fiel mir nur jenes Bild wieder ein?

Wegen des Gekreuzigten? Nein.

Wegen seiner Mutter – nein. Plötzlich wirds mir klar: wegen des Kriegers in Helm und Panzer, wegen des römischen Hauptmanns.

Was ist denn nur mit dem?

Er leitete die Hinrichtung eines Juden. Und als der Jude starb, sagte er: »Wahrlich, so stirbt kein Mensch!«

Er hat also Gott erkannt.

Aber was tat er? Was zog er für Konsequenzen?

Er blieb ruhig unter dem Kreuze stehen.

Ein Blitz durchzuckte die Nacht, der Vorhang im Tempel riß, die Erde bebte – er blieb stehen.

Er erkannte den neuen Gott, als der am Kreuze starb, und wußte nun, daß seine Welt zum Tode verurteilt war.

Und?

Ist er etwa in einem Krieg gefallen? Hat er es gewußt, daß er für nichts fällt?

Freute ihn noch sein Beruf?

Oder ist er etwa alt geworden? Wurde er pensioniert? Lebte er in Rom oder irgendwo an der Grenze, wo es billiger war?

Vielleicht hatte er dort ein Häuschen. Mit einem Gartenzwerg. Und am Morgen erzählte ihm seine Köchin, daß gestern jenseits der Grenze wieder neue Barbaren aufgetaucht sind. Die Lucia vom Herrn Major hat sie mit eigenen Augen gesehen.

Neue Barbaren, neue Völker.

Sie rüsten, sie rüsten. Sie warten.

Und der römische Hauptmann wußte es, die Barbaren werden alles zertrümmern. Aber es rührte ihn nicht. Für ihn war bereits alles zertrümmert.

Er lebte still als Pensionist, er hatte es durchschaut.

Das große römische Reich.

Der Dreck

Der Mond hängt nun direkt über den Zelten.

Es muß zirka zwei Uhr sein. Und ich denke, jetzt sind die Cafés noch voll.

Was macht jetzt wohl Julius Caesar?

Er wird seinen Totenkopf illuminieren, bis ihn der Teufel holt!

Komisch: ich glaube an den Teufel, aber nicht an den lieben Gott.

Wirklich nicht?

Ich weiß es nicht. Doch, ich weiß es! Ich will nicht an ihn glauben! Nein, ich will nicht!

Es ist mein freier Wille.

Und die einzige Freiheit, die mir verblieb: glauben oder nicht glauben zu dürfen.

Aber offiziell natürlich so zu tun, als ob.

Je nachdem: einmal ja, einmal nein.

Was sagte der Pfaffe?

»Der Beruf des Priesters besteht darin, den Menschen auf den Tod vorzubereiten, denn wenn der Mensch keine Angst vor dem Sterben mehr hat, wird ihm das Leben leichter.«

Satt wird er nicht davon!

»Aus diesem Leben des Elends und der Widersprüche«, sagte der Pfaffe, »rettet uns einzig und allein die göttliche Gnade und der Glaube an die Offenbarung.«

Ausreden!

»Wir werden gestraft und wissen nicht wofür.«

Frag die Regierenden!

Und was sagte der Pfaffe noch?

»Gott ist das Schrecklichste auf der Welt.«

Stimmt! – –

Lieblich waren die Gedanken, die mein Herz durchzogen. Sie kamen aus dem Kopf, kostümierten sich mit Gefühl, tanzten und berührten sich kaum.

Ein vornehmer Ball. Exklusive Kreise. Gesellschaft!

Im Mondlicht drehten sich die Paare.

Die Feigheit mit der Tugend, die Lüge mit der Gerechtigkeit, die Erbärmlichkeit mit der Kraft, die Tücke mit dem Mut.

Nur die Vernunft tanzte nicht mit.

Sie hatte sich besoffen, hatte nun einen Moralischen und schluchzte in einer Tour: »Ich bin blöd, ich bin blöd!« –

Sie spie alles voll.

Aber man tanzte darüber hinweg.

Ich lausche der Ballmusik.

Sie spielt einen Gassenhauer, betitelt: »Der einzelne im Dreck.«

Sortiert nach Sprache, Rasse und Nation stehen die Haufen nebeneinander und fixieren sich, wer größer ist.

Sie stinken, daß sich jeder einzelne die Nase zuhalten muß.

Lauter Dreck! Alles Dreck!

Düngt damit!

Dünget die Erde, damit etwas wächst!

Nicht Blumen, sondern Brot!

Aber betet euch nicht an!

Nicht den Dreck, den ihr gefressen habt!

Z *und* N

Fast vergaß ich meine Pflicht: vor einem Heuschober zu sitzen, nicht rauchen zu dürfen und die Wache zu kontrollieren.

Ich blicke hinab: dort wachen sie.

Ost und West, Nord und Süd.

Alles in Ordnung.

Doch halt! Dort geht doch was vor sich –

Was denn?

Im Norden. Dort spricht doch der Posten mit jemand. Wer ist denn der Posten?

Es ist der Z.

Mit wem spricht er denn?

Oder ists nur der Schatten einer Tanne?

Nein, das ist kein Schatten, das ist eine Gestalt.

Jetzt scheint der Mond auf sie: es ist ein Junge. Ein fremder Junge.

Was ist dort los?

Der Fremde scheint ihm etwas zu geben, dann ist er verschwunden.

Der Z rührt sich kurze Zeit nicht, ganz regungslos steht er da.

Lauscht er?

Er sieht sich vorsichtig um und zieht dann einen Brief aus der Tasche.

44

Ach, er hat einen Brief bekommen!

Er erbricht ihn rasch und liest ihn im Mondenschein.

Wer schreibt dem Z? – –

Der Morgen kommt, und der Feldwebel erkundigt sich, ob ich etwas Verdächtiges wahrgenommen hätte. Ich sage, ich hätte gar nichts wahrgenommen und die Wachen hätten ihre Pflicht erfüllt.

Ich schweige von dem Brief, denn ich weiß es ja noch nicht, ob dieser Brief mit dem gestohlenen Photoapparat irgendwie zusammenhängt. Das muß sich noch klären und bis es nicht bewiesen wurde, will ich den Z in keinen Verdacht bringen.

Wenn man nur den Brief lesen könnte!

Als wir das Lager betreten, empfangen uns die Jungen erstaunt. Wann wir denn das Lager verlassen hätten? »Mitten in der Nacht«, lügt der Feldwebel, »und zwar ganz aufrecht, aber von eueren Wachen hat uns keiner gehen sehen, ihr müßt schärfer aufpassen, denn bei einer solchen miserablen Bewachung tragens uns ja noch das ganze Lager weg, die Gewehre, die Fahne und alles, wofür wir da sind!«

Dann läßt er sein Regiment antreten und fragt, ob einer etwas Verdächtiges wahrgenommen hätte.

Keiner meldet sich.

Ich beobachte den Z.

Er steht regungslos da.

Was steht nur in dem Brief?

Jetzt hat er ihn in der Tasche, aber ich werde ihn lesen, ich muß ihn lesen.

Soll ich ihn direkt fragen? Das hätte keinen Sinn. Er würde es glatt ableugnen, würde den Brief dann zerreißen, verbrennen, und ich könnt ihn nimmer lesen. Vielleicht hat er ihn sogar schon vernichtet. Und wer war der fremde Junge? Ein Junge, der um zwei Uhr nachts erscheint, eine Stunde weit weg vom Dorf? Oder wohnt er auf dem Bauernhof bei der blinden Alten? Aber auch dann: immer klarer wird es mir, daß jener zur Räuberbande gehören muß. Zum Unkraut. Ist denn der Z auch Unkraut? Ein Verbrecher?

Ich muß den Brief lesen, muß, muß!

Der Brief wird allmählich zur fixen Idee.

Bumm!

Heute schießen sie zum erstenmal.

Bumm! Bumm! – –

Am Nachmittag kommt der R zu mir.

Er hat eine Bitte.

»Herr Lehrer«, sagt er, »ich bitte sehr, ich möchte in einem anderen Zelte schlafen. Die beiden, mit denen ich zusammen bin, raufen sich in einem fort, man kann kaum schlafen!«

»Wer sind denn die beiden?«

»Der N und der Z.«

»Der Z?«

»Ja. Aber angefangen hat noch immer der N!«

»Schick mir mal die beiden her!«

Er geht, und der N kommt.

»Warum raufst du immer mit dem Z?«

»Weil er mich nicht schlafen läßt. Immer weckt er mich auf. Er zündet oft mitten in der Nacht die Kerze an.«

»Warum?«

»Weil er seinen Blödsinn schreibt.«

»Er schreibt?«

»Ja.«

»Was schreibt er denn? Briefe?«

»Nein. Er schreibt sein Tagebuch.«

»Tagebuch?«

»Ja. Er ist blöd.«

»Deshalb muß man noch nicht blöd sein.«

Es trifft mich ein vernichtender Blick.

»Das Tagebuchschreiben ist der typische Ausdruck der typischen Überschätzung des eigenen Ichs«, sagt er.

»Kann schon stimmen«, antworte ich vorsichtig, denn ich kann mich momentan nicht erinnern, ob das Radio diesen Blödsinn nicht schon mal verkündet hat.

»Der Z hat sich extra ein Kästchen mitgenommen, dort sperrt er sein Tagebuch ein.«

»Schick mir mal den Z her!«

Der N geht, der Z kommt.

»Warum raufst du immer mit dem N?«

»Weil er ein Plebejer ist.«

Ich stutze und muß an die reichen Plebejer denken.

»Ja«, sagt der Z, »er kann es nämlich nicht vertragen, daß man über sich nachdenkt. Da wird er wild. Ich führe nämlich ein Tagebuch, und das liegt in einem Kästchen; neulich hat er es zertrümmern wollen, drum versteck ichs jetzt immer. Am Tag im Schlafsack, in der Nacht halt ichs in der Hand.«

Ich sehe ihn an.

Und frage ihn langsam: »Und wo ist das Tagebuch, wenn du auf Wache stehst?«

Nichts rührt sich in seinem Gesicht.

»Wieder im Schlafsack«, antwortet er.

»Und in dieses Buch schreibst du alles hinein, was du so erlebst?«

»Ja.«

»Was du hörst, siehst? Alles?«

Er wird rot.

»Ja«, sagt er leise.

Soll ich ihn jetzt fragen, wer ihm den Brief schrieb und was in dem Briefe steht? Nein. Denn es steht bei mir bereits fest, daß ich das Tagebuch lesen werde.

Er geht, und ich schau ihm nach.

Er denkt über sich nach, hat er gesagt.

Ich werde seine Gedanken lesen. Das Tagebuch des Z.

Adam und Eva

Kurz nach vier marschierte das Regiment wieder ab. Sogar das »Küchenpersonal« mußte diesmal mit, denn der Feldwebel wollte es allen erklären, wie man sich in die Erde gräbt und wo die Erde am geeignetsten für Schützengräben und Unterstände ist. Seit er humpelt, erklärt er lieber.

Es blieb also niemand im Lager, nur ich.

Sobald das Regiment im Walde verschwand, betrat ich das Zelt, in welchem der Z mit N und R schlief.

Im Zelte lagen drei Schlafsäcke. Auf dem linken lag ein Brief. Nein, der war es nicht. »Herrn Otto N« stand auf dem Kuvert, »Absender: Frau Elisabeth N« – ach, die Bäckermeistersgattin! Ich konnte nicht widerstehen, was schrieb wohl Mama ihrem Kindchen?

Sie schrieb: »Mein lieber Otto, danke Dir für Deine Postkarte. Es freut mich und Vater sehr, daß Du Dich wohl fühlst. Nur so weiter, paß nur auf Deine Strümpfe auf, damit sie nicht wieder verwechselt werden! Also in zwei Tagen werdet Ihr schon schießen? Mein Gott, wie die Zeiten vergehen! Vater läßt Dir sagen, Du sollst bei Deinem ersten Schusse an ihn denken, denn er war der beste Schütze seiner Kompanie. Denk Dir nur, Mandi ist gestern gestorben. Vorgestern hüpfte er noch so froh und munter in seinem Käfiglein herum und tirilierte uns zur Freud. Und heut war er hin. Ich weiß nicht, es grassiert eine Kanarikrankheit. Die Beinchen hat der Ärmste von sich gestreckt, ich hab ihn im Herdfeuer verbrannt. Gestern hatten wir einen herrlichen Rehrücken mit Preißelbeeren. Wir dachten an Dich. Hast Du auch gut zum Futtern? Vater läßt Dich herzlichst grüßen, Du sollst ihm nur immer weiter Bericht erstatten, ob der Lehrer nicht wieder solche Äußerungen fallen läßt wie über die Neger. Laß nur nicht locker! Vater bricht ihm das Genick! Es grüßt und küßt Dich, mein lieber Otto, Deine liebe Mutti.«

Im Schlafsack nebenan war nichts versteckt. Hier schlief also der R. Dann muß das Kästchen im dritten liegen.

Dort lag es auch.

Es war ein Kästchen aus blauem Blech und hatte ein einfaches Schloß. Es war versperrt. Ich versuchte, das Schloß mit einem Draht zu öffnen.

Es ließ sich leicht.

In dem Kästchen lagen Briefe, Postkarten und ein grüngebundenes Buch – »Mein Tagebuch«, stand da in goldenen

Lettern. Ich öffnete es. »Weihnachten von Deiner Mutter.«
Wer war die Mutter des Z? Mir scheint, eine Beamtenwitwe
oder so.

Dann kamen die ersten Eintragungen, etwas von einem
Christbaum – ich blätterte weiter, wir sind schon nach
Ostern. Zuerst hat er jeden Tag geschrieben, dann nur jeden
zweiten, dritten, dann jeden fünften, sechsten – und hier,
hier liegt der Brief! Er ist es! Ein zerknülltes Kuvert, ohne
Aufschrift, ohne Marke!

Rasch! Was steht nur drin?!

»Kann heute nicht kommen, komme morgen um zwei –
Eva.«

Das war alles.

Wer ist Eva?

Ich weiß nur, wer Adam ist.

Adam ist der Z.

Und ich lese das Tagebuch:

»Mittwoch.

Gestern sind wir ins Lager gekommen. Wir sind alle sehr
froh. Jetzt ist es Abend, bin gestern nicht zum Schreiben
dazugekommen, weil wir alle sehr müde waren vom Zeltbau.
Wir haben auch eine Fahne. Der Feldwebel ist ein alter Tepp,
er merkts nicht, wenn wir ihn auslachen. Wir laufen schneller
als er. Den Lehrer sehen wir Gott sei Dank fast nie. Er kümmert sich auch nicht um uns. Immer geht er mit einem faden
Gesicht herum. Der N ist auch ein Tepp. Jetzt schreit er schon
das zweitemal, ich soll die Kerze auslöschen, aber ich tus
nicht, weil ich sonst überhaupt zu keinem Tagebuch mehr
komme, und ich möcht doch eine Erinnerung fürs Leben.
Heute nachmittag haben wir einen großen Marsch getan, bis
an die Berge. Auf dem Wege dorthin sind wir bei Felsen
vorübergekommen, in denen es viele Höhlen gibt. Auf einmal kommandiert der Feldwebel, wir sollen durch das Dik-
kicht in Schwarmlinie gegen einen markierten Feind vorgehen,
der sich auf einem Höhenzug mit schweren Maschinengeweh-
ren verschanzt hat. Wir schwärmten aus, sehr weit voneinan-

49

der, aber das Dickicht wurde immer dichter, und plötzlich sah ich keinen mehr rechts und keinen mehr links. Ich hatte mich verirrt und war abgeschnitten. Auf einmal stand ich wieder vor einem Felsen mit einer Höhle, ich glaube, ich bin im Kreis herumgegangen. Plötzlich stand ein Mädchen vor mir. Sie war braunblond und hatte eine rosa Bluse, und es wunderte mich, woher und wieso sie überhaupt daherkommt. Sie fragte mich, wer ich wäre. Ich sagte es ihr. Zwei Buben waren noch dabei, beide barfuß und zerrissen. Der eine trug einen Laib Brot in der Hand, der andere eine Vase. Sie sahen mich feindlich an. Das Mädchen sagte ihnen, sie mögen nach Hause gehen, sie möcht mir nur den Weg zeigen heraus aus dem Dickicht. Ich war darüber sehr froh, und sie begleitete mich. Ich fragte sie, wo sie wohne, und sie sagte, hinter dem Felsen. Aber auf der militärischen Karte, die ich hatte, stand dort kein Haus und überhaupt nirgends in dieser Gegend. Die Karte ist falsch, sagte sie. So kamen wir an den Rand des Dickichts, und ich konnte in weiter Ferne das Zeltlager sehen. Und da blieb sie stehen und sagte zu mir, sie müsse jetzt umkehren und sie würde mir einen Kuß geben, wenn ich es niemand auf der Welt sagen würde, daß ich sie hier traf. Warum? fragte ich. Weil sie es nicht haben möchte, sagte sie. Ich sagte, geht in Ordnung, und sie gab mir einen Kuß auf die Wange. Das gilt nicht, sagte ich, ein Kuß gilt nur auf den Mund. Sie gab mir einen Kuß auf den Mund. Dabei steckte sie mir die Zunge hinein. Ich sagte, sie ist eine Sau und was sie denn mit der Zunge mache? Da lachte sie und gab mir wieder so einen Kuß. Ich stieß sie von mir. Da hob sie einen Stein auf und warf ihn nach mir. Wenn der meinen Kopf getroffen hätte, wär ich jetzt hin. Ich sagte es ihr. Sie sagte, das würde ihr nichts ausmachen. Dann würdest du gehenkt, sagte ich. Sie sagte, das würde sie sowieso. Plötzlich wurde es mir unheimlich. Sie sagte, ich solle ganz in ihre Nähe kommen. Ich wollte nicht feig sein und kam. Da packte sie mich plötzlich und stieß mir noch einmal ihre Zunge in den Mund. Da wurde ich wütend, packte einen Ast und schlug auf sie ein. Ich traf sie auf den Rücken und die Schultern, aber nicht auf den Kopf. Sie gab keinen Ton von sich und brach zusammen. Da lag sie. Ich erschrak sehr, denn ich dachte, sie wäre vielleicht tot. Ich trat zu ihr hin und berührte sie mit dem Ast. Sie rührte sich nicht. Wenn sie tot ist, hab ich mir gedacht, laß ich sie da liegen und tue, als wäre nichts passiert. Ich wollte schon weg, aber da bemerkte ich, daß sie simulierte. Sie blinzelte mir nämlich nach. Ich ging rasch wieder hin. Ja, sie war nicht tot. Ich hab nämlich schon viele Tote gesehen, die sehen ganz anders aus. Schon mit sieben Jahren hab ich einen toten Polizisten und vier tote Arbeiter gesehen, es war nämlich ein Streik. Na wart, dachte ich, du willst mich da nur erschrecken, aber du springst schon auf – ich erfaßte vorsichtig unten ihren Rock und riß ihn plötzlich hoch. Sie hatte keine Hosen an. Sie rührte sich aber noch immer nicht, und mir wurde es ganz anders. Aber plötzlich sprang sie auf und riß mich wild zu sich herab. Ich kenne das schon. Wir liebten uns. Gleich daneben war ein riesiger Ameisenhaufen. Und dann versprach ich ihr, daß ich es niemand sagen werde, daß ich sie getroffen hab. Sie ist weggelaufen, und ich hab ganz vergessen zu fragen, wie sie heißt.

Donnerstag.

Wir haben Wachen aufgestellt wegen der Räuberbanden. Der N schreit schon wieder, ich soll die Kerze auslöschen. Wenn er noch einmal schreit, dann hau ich ihm eine herunter. – Jetzt hab ich ihm eine heruntergehaut. Er hat nicht zurückgehaut. Der blöde R hat geschrien, als hätt er es bekommen, der Feigling! Ich ärger mich nur, daß ich mit dem Mädel nichts ausgemacht hab. Ich hätte sie gerne wiedergesehen und mit ihr gesprochen. Ich fühlte sie heute vormittag unter mir, wie der Feldwebel ›Auf!‹ und ›Nieder‹ kommandiert hat. Ich muß immer an sie denken. Nur ihre Zunge mag ich nicht. Aber sie sagte, das sei Gewöhnung. Wie beim Autofahren das rasche Fahren. Was ist doch das Liebesgefühl für ein Gefühl! Ich glaube, so ähnlich muß es sein, wenn man fliegt. Aber fliegen ist sicher noch schöner. Ich weiß es nicht, ich möcht, daß sie jetzt neben mir liegt. Wenn sie nur da wär, ich bin so allein. Von mir aus soll sie mir auch die Zunge in den Mund stecken.

Freitag.

Übermorgen werden wir schießen, endlich! Heute Nachmittag hab ich mit dem N gerauft, ich bring ihn noch um. Der R hat dabei was abbekommen, was stellt sich der Idiot in den Weg! Aber das geht mich alles nichts mehr an, ich denke nur immer an sie und heute noch stärker. Denn heute nacht ist sie gekommen. Plötzlich, wie ich auf der Wache gestanden bin. Zuerst bin ich erschrocken, dann hab ich mich riesig gefreut und hab mich geschämt, daß ich erschrocken bin. Sie hats nicht bemerkt, Gott sei Dank! Sie hat so wunderbar gerochen, nach einem Parfum. Ich fragte sie, woher sie es denn habe? Sie sagte, aus der Drogerie im Dorf. Das muß teuer gewesen sein, sagte ich. Oh nein, sagte sie, es kostete nichts. Dann umarmte sie mich wieder, und wir waren zusammen. Dabei fragte sie mich, was tun wir jetzt? Ich sagte, wir lieben uns. Ob wir uns noch oft lieben werden, fragte sie. Ja, sagte ich, noch sehr oft. Ob sie nicht ein verdorbenes Mädchen wäre? Nein, wie könne sie so was sagen! Weil sie mit mir in der Nacht herumliegt. Kein Mädchen ist heilig, sagte ich. Plötzlich sah ich eine Träne auf ihrer Wange, der Mond schien ihr ins Gesicht. Warum weinst du? Und sie sagte, weil alles so finster ist. Was denn? Und sie fragte mich, ob ich sie auch lieben würde, wenn sie eine verlorene Seele wär? Was ist das? Und sie sagte mir, sie hätte keine Eltern und wär mit zwölf Jahren eine Haustochter geworden, aber der Herr wär ihr immer nachgestiegen, sie hätte sich gewehrt, und da hätte sie mal Geld gestohlen, um weglaufen zu können, weil sie die Frau immer geohrfeigt hätt wegen des Herrn, und da wär sie in eine Besserungsanstalt gekommen, aber von dort wäre sie ausgebrochen, und jetzt wohne sie in einer Höhle und würde alles stehlen, was ihr begegnet. Vier Jungen aus dem Dorf, die nicht mehr Puppen malen wollten, wären auch dabei, sie wär aber die älteste und die Anführerin. Aber ich dürfe es niemand sagen, daß sie so eine sei, denn dann käme sie wieder in die Besserungsanstalt. Und sie tat mir furchtbar leid, und ich fühlte plötzlich, daß ich eine Seele habe. Und ich sagte es ihr, und sie sagte mir, ja, jetzt fühle sie es auch, daß sie eine Seele habe. Ich dürfe sie aber nicht mißverstehen, wenn jetzt, während sie bei mir ist, im Lager etwas gestohlen wird. Ich sagte, ich würde sie nie mißverstehen, nur mir dürfe sie nichts stehlen, denn wir gehörten zusammen. Dann mußten wir uns trennen, denn nun wurde ich bald abgelöst. Morgen treffen wir uns wieder. Ich weiß jetzt, wie sie heißt. Eva.

Samstag.

Heute war große Aufregung, denn dem L wurde sein Photo gestohlen. Schadet nichts! Sein Vater hat drei Fabriken, und die arme Eva muß in einer Höhle wohnen. Was wird sie machen, wenn Winter ist? Der N schreit schon wieder wegen dem Licht. Ich werd ihn noch erschlagen.

Ich kann die Nacht kaum erwarten, bis sie kommt! Ich möcht mit ihr in einem Zelt leben, aber ohne Lager, ganz allein! Nur mit ihr! Das Lager freut mich nicht mehr. Es ist alles nichts.

Oh Eva, ich werde immer für dich da sein! Du kommst in keine Besserungsanstalt mehr, in keine mehr, das schwör ich dir zu! Ich werde dich immer beschützen!

Der N schreit, er wird mein Kästchen zertrümmern, morgen, er soll es nur wagen! Denn hier sind meine innersten Geheimnisse drinnen, die niemand was angehen. Jeder, der mein Kästchen anrührt, stirbt!«

Verurteilt

»Jeder, der mein Kästchen anrührt, stirbt!«
Ich lese den Satz zweimal und muß lächeln.
Kinderei!
Und ich will an das denken, was ich las, aber ich komme nicht

dazu. Vom Waldrand her tönt die Trompete, ich muß mich beeilen, das Regiment naht. Rasch tu ich das Tagebuch wieder ins Kästchen und will es versperren. Ich drehe den Draht hin und her. Umsonst! Es läßt sich nicht mehr schließen, ich hab das Schloß verdorben – was tun?

Sie werden gleich da sein, die Jungen. Ich verstecke das offene Kästchen im Schlafsack und verlasse das Zelt. Es blieb mir nichts anderes übrig. Jetzt kommt das Regiment daher.

In der vierten Reihe marschiert der Z.

Du hast also ein Mädel und das nennt sich Eva. Und du weißt es, daß deine Liebe stiehlt. Aber du schwörst trotzdem, sie immer zu beschützen.

Ich muß wieder lächeln. Kinderei, elende Kinderei!

Jetzt hält das Regiment und tritt ab.

Jetzt kenne ich deine innersten Geheimnisse, denke ich, aber plötzlich kann ich nicht mehr lächeln. Denn ich sehe den Staatsanwalt. Er blättert in seinen Akten. Die Anklage lautet auf Diebstahl und Begünstigung. Nicht nur Eva, auch Adam hat sich zu verantworten. Man müßte den Z sofort verhaften.

Ich will es dem Feldwebel sagen und die Gendarmerie verständigen. Oder soll ich zuerst allein mit dem Z reden?

Nun steht er drüben bei den Kochtöpfen und erkundigt sich, was er zum Essen bekommen wird. Er wird von der Schule fliegen, und das Mädel kommt zurück in die Besserungsanstalt.

Beide werden eingesperrt.

Adieu Zukunft, lieber Z!

Es sind schon größere Herren über die Liebe gestolpert, über die Liebe, die auch naturnotwendig ist und also ebenfalls gottgewollt.

Und ich höre wieder den Pfaffen: »Das Schrecklichste auf der Welt ist Gott.«

Und ich höre einen wüsten Lärm, Geschrei und Gepolter. Alles stürzt zu einem Zelt.

Es ist das Zelt mit dem Kästchen. Der Z und der N raufen, man kann sie kaum trennen.

Der N ist rot, er blutet aus dem Mund.

Der Z ist weiß.

»Der N hat sein Kästchen erbrochen!« ruft mir der Feldwebel zu.

»Nein!« schreit der N. »Ich habs nicht getan, ich nicht!

»Wer denn sonst?!« schreit der Z. »Sagen Sies selber, Herr Lehrer, wer könnt es denn sonst schon getan haben?!«

»Lüge, Lüge!«

»Er hat es erbrochen und sonst niemand! Er hats mir ja schon angedroht, daß er es mir zertrümmern wird!«

»Aber ich habs nicht getan!«

»Ruhe!« brüllt plötzlich der Feldwebel.

Es ist still.

Der Z läßt den N nicht aus den Augen.

Jeder, der sein Kästchen anrührt, stirbt, geht es mir plötzlich durch den Sinn. Unwillkürlich blick ich empor.

Aber der Himmel ist sanft.

Ich fühle, der Z könnte den N umbringen.

Auch der N scheint es zu spüren. Er wendet sich kleinlaut an mich.

»Herr Lehrer, ich möcht in einem anderen Zelt schlafen.«

»Gut.«

»Ich habs wirklich nicht gelesen, sein Tagebuch. Helfen Sie mir, Herr Lehrer!«

»Ich werde dir helfen.«

Jetzt sieht mich der Z an. Du kannst nicht helfen, liegt in seinem Blick.

Ich weiß, ich habe den N verurteilt.

Aber ich wollt es doch nur wissen, ob der Z mit den Räubern ging, und ich wollt ihn doch nicht leichtfertig in einen Verdacht bringen, drum hab ich das Kästchen erbrochen.

Warum sag ichs nur nicht, daß ich es bin, der das Tagebuch las?

Nein, nicht jetzt! Nicht hier vor allen! Aber ich werde es sagen. Sicher! Nur nicht vor allen, ich schäme mich!

Allein werd ichs ihm sagen. Von Mann zu Mann! Und ich

will auch mit dem Mädel reden, heut nacht, wenn er sie trifft. Ich werde ihr sagen, sie soll sich nur ja nimmer blicken lassen, und diesem dummen Z werde ich ordentlich seinen Kopf waschen – dabei solls dann bleiben! Schluß!

Wie ein Raubvogel zieht die Schuld ihre Kreise. Sie packt uns rasch.

Aber ich werde den N freisprechen.

Er hat ja auch nichts getan.

Und ich werde den Z begnadigen. Und auch das Mädel. Ich lasse mich nicht unschuldig verurteilen!

Ja, Gott ist schrecklich, aber ich will ihm einen Strich durch die Rechnung machen. Mit meinem freien Willen.

Einen dicken Strich.

Ich werde uns alle retten.

Und wie ich so überlege, fühle ich, daß mich wer anstarrt.

Es ist der T.

Zwei helle runde Augen schauen mich an. Ohne Schimmer, ohne Glanz.

Der Fisch! durchzuckt es mich.

Er sieht mich noch immer an, genau wie damals beim Begräbnis des kleinen W.

Er lächelt leise, überlegen, spöttisch.

Weiß er, daß ich es bin, der das Kästchen erbrach?

Der Mann im Mond

Der Tag wurde mir lang. Endlich sank die Sonne.

Der Abend kam, und ich wartete auf die Nacht. Die Nacht kam, und ich schlich mich aus dem Lager. Der Feldwebel schnarchte bereits, es hat mich keiner gesehen. Zwar hing noch der Vollmond über dem Lager, aber aus dem Westen zogen die Wolken in finsteren Fetzen vorbei. Immer wieder wurde es stockdunkel und immer länger währte es, bis das silberne Licht wieder kam.

Dort, wo der Wald fast die Zelte berührt, dort wird er wachen, der Z. Dort saß ich nun hinter einem Baum.

Ich sah ihn genau, den Posten.

Es war der G.

Er ging etwas auf und ab.

Droben rasten die Wolken, unten schien alles zu schlafen.

Droben tobte ein Orkan, unten rührte sich nichts.

Nur ab und zu knackte ein Ast.

Dann hielt der G und starrte in den Wald.

Ich sah ihm in die Augen, aber er konnte mich nicht sehen.

Hat er Angst?

Im Wald ist immer was los, besonders in der Nacht.

Die Zeit verging.

Jetzt kommt der Z.

Er grüßt den G, und der geht.

Der Z bleibt allein.

Er sieht sich vorsichtig um und blickt dann zum Mond empor.

Es gibt einen Mann im Mond, fällt es mir plötzlich ein, der sitzt auf der Sichel, raucht seine Pfeife und kümmert sich um nichts. Nur manchmal spuckt er auf uns herab.

Vielleicht hat er recht.

Um zirka halb drei erschien endlich das Mädel, und zwar so lautlos, daß ich sie erst bemerkte, als sie bereits bei ihm stand.

Wo kam sie her?

Sie war einfach da.

Jetzt umarmt sie ihn, und er umarmt sie.

Sie küssen sich.

Das Mädel steht mit dem Rücken zu mir, und ich kann ihn nicht sehen. Sie muß größer sein als er –

Jetzt werde ich hingehen und mit den beiden sprechen.

Ich erhebe mich vorsichtig, damit sie mich nicht hören.

Denn sonst läuft mir das Mädel weg.

Und ich will doch auch mit ihr reden.

Sie küssen sich noch immer.

Es ist Unkraut und gehört vertilgt, geht es mir plötzlich durch den Sinn.

Ich sehe eine blinde Alte, die stolpert und stürzt.

Und immer muß ich an das Mädel denken, wie sie sich reckt und über die Hecke schaut.

Sie muß einen schönen Rücken haben.

Ihre Augen möchte ich sehen –

Da kommt eine Wolke und alles wird finster.

Sie ist nicht groß, die Wolke, denn sie hat einen silbernen Rand. Wie der Mond wieder scheint, gehe ich hin.

Jetzt scheint er wieder, der Mond.

Das Mädel ist nackt.

Er kniet vor ihr.

Sie ist sehr weiß.

Ich warte.

Sie gefällt mir immer mehr.

Geh hin! Sag, daß du das Kästchen erbrochen hast! Du, nicht der N! Geh hin, geh!

Ich gehe nicht hin.

Jetzt sitzt er auf einem Baumstamm, und sie sitzt auf seinen Knien.

Sie hat herrliche Beine.

Geh hin!

Ja, sofort –

Und es kommen neue Wolken, schwärzere, größere. Sie haben keine silbernen Ränder und decken die Erde zu.

Der Himmel ist weg, ich sehe nichts mehr.

Ich lausche, aber es gehen nur Schritte durch den Wald.

Ich halte den Atem an.

Wer geht?

Oder ist es nur der Sturm von droben?

Ich kann mich selber nicht mehr sehen.

Wo seid ihr, Adam und Eva?

Im Schweiße eueres Angesichtes solltet ihr euer Brot verdienen, aber es fällt euch nicht ein. Eva stiehlt einen photographischen Apparat, und Adam drückt beide Augen zu, statt zu wachen – –

Ich werd es ihm morgen sagen, diesem Z, morgen in aller Frühe, daß ich es war, der sein Kästchen erbrach.

Morgen laß ich mich durch nichts mehr hindern!
Und wenn mir der liebe Gott tausend nackte Mädchen
schickt! –
Immer stärker wird die Nacht.
Sie hält mich fest, finster und still.
Jetzt will ich zurück.
Vorsichtig taste ich vor –
Mit der vorgestreckten Hand berühre ich einen Baum.
Ich weiche ihm aus.
Ich taste weiter – da, ich zucke entsetzt zurück!
Was war das?!
Mein Herz steht still.
Ich möchte rufen, laut, laut – aber ich beherrsche mich.
Was war das?!
Nein, das war kein Baum!
Mit der vorgestreckten Hand faßte ich in ein Gesicht.
Ich zittere.
Wer steht da vor mir?
Ich wage nicht mehr, weiterzugehen.
Wer ist das?!
Oder habe ich mich getäuscht?
Nein, ich hab es zu deutlich gefühlt: die Nase, die Lippen –
Ich setze mich auf die Erde.
Ist das Gesicht noch dort drüben?
Warte, bis das Licht kommt!
Rühre dich nicht! –
Über den Wolken raucht der Mann im Mond.
Es regnet leise.
Spuck mich nur an, Mann im Mond!

Der vorletzte Tag

Endlich wird es grau, der Morgen ist da.
Es ist niemand vor mir, kein Gesicht und nichts.
Ich schleiche mich wieder ins Lager zurück. Der Feldwebel

liegt auf dem Rücken mit offenem Mund. Der Regen klopft an die Wand. Erst jetzt bin ich müde.

Schlafen, schlafen –

Als ich erwache, ist das Regiment bereits fort. Ich werde es dem Z sagen, daß ich es war und nicht der N, sowie er zurückkommt.

Es ist der vorletzte Tag.

Morgen brechen wir unsere Zelte ab und fahren in die Stadt zurück.

Es regnet in Strömen, nur manchmal hört es auf. In den Tälern liegen dicke Nebel. Wir sollten die Berge nimmer sehen.

Mittags kommt das Regiment zurück, aber nicht komplett. Der N fehlt.

Er dürfte sich verlaufen haben, meint der Feldwebel, und er würde uns schon finden.

Ich muß an die Höhlen denken, die im Tagebuch des Z stehen, und werde unsicher.

Ist es Angst?

Jetzt muß ichs ihm aber sogleich sagen, es wird allmählich höchste Zeit!

Der Z sitzt in seinem Zelte und schreibt. Er ist allein. Als er mich kommen sieht, klappt er rasch sein Tagebuch zu und blickt mich mißtrauisch an.

»Ach, wir schreiben wieder unser Tagebuch«, sage ich und versuche zu lächeln. Er schweigt und blickt mich nur an.

Da sehe ich, daß seine Hände zerkratzt sind.

Er bemerkt, daß ich die Kratzer beobachte, zuckt etwas zusammen und steckt die Hände in die Taschen.

»Frierts dich?« frage ich und lasse ihn nicht aus den Augen.

Er schweigt noch immer, nickt nur ja, und ein spöttisches Lächeln huscht über sein Gesicht.

»Hör mal«, beginne ich langsam, »du meinst, daß der N dein Kästchen erbrochen hat –«

»Ich meine es nicht nur«, fällt er mir plötzlich fest ins Wort, »sondern er hats auch getan.«

»Woher willst du denn das wissen?«

»Er selbst hat es mir gesagt.«

Ich starre ihn an. Er selbst hat es gesagt?

Aber das ist doch unmöglich, er hat es doch gar nicht getan!

Der Z blickt mich forschend an, doch nur einen Augenblick lang. Dann fährt er fort: »Er hats mir heut vormittag gestanden, daß er das Kästchen geöffnet hat. Mit einem Draht, aber dann konnt er es nicht wieder schließen, denn er hat das Schloß ruiniert.«

»Und?«

»Und er hat mich um Verzeihung gebeten, und ich habe ihm verziehen.«

»Verziehen?«

»Ja.«

Er blickt gleichgültig vor sich hin. Ich kenne mich nicht mehr aus, und es fällt mir wieder ein: »Jeder, der mein Kästchen anrührt, stirbt!«

Unsinn, Unsinn!

»Weißt du, wo der N jetzt steckt?« frage ich plötzlich.

Er bleibt ganz ruhig.

»Woher soll ich das wissen? Sicher hat er sich verirrt. Ich hab mich auch schon mal verirrt« – er erhebt sich, und es macht den Eindruck, als würde er nicht mehr weiterreden wollen.

Da bemerke ich, daß sein Rock zerrissen ist.

Soll ich es ihm sagen, daß er lügt? Daß der N es ihm niemals gestanden haben konnte, denn ich, ich habe doch sein Tagebuch gelesen –

Aber warum lügt der Z?

Nein, ich darf gar nicht daran denken! –

Warum sagte ich es ihm nur nicht sofort, gleich gestern, als er den N verprügelte! Weil ich mich schämte, vor meinen Herren Schülern zu gestehen, daß ich heimlich mit einem Draht ein Kästchen erbrochen hab, obwohl dies in bester Absicht geschehen ist – verständlich, verständlich! Aber warum verschlief ich nur heute früh?! Richtig, ich saß ja in der Nacht im Wald und machte das Maul nicht auf! Und jetzt, jetzt dürfte es wenig nützen, wenn ich es aufmachen würde. Es ist zu spät.

Richtig, auch ich bin schuld.

Auch ich bin der Stein, über den er stolperte, die Grube, in die er fiel, der Felsen, von dem er hinunterstürzte –

Warum hat mich heut früh nur niemand geweckt?!

Ich wollte mich nicht unschuldig verurteilen lassen und schlief, statt mich zu verteidigen. Mit meinem freien Willen wollte ich einen dicken Strich durch eine Rechnung machen, aber diese Rechnung war bereits längst bezahlt.

Ich wollte uns alle retten, aber wir waren bereits ertrunken.

In dem ewigen Meer der Schuld.

Doch wer ist denn schuld, daß das Schloß verdarb.

Daß es sich nicht mehr zusperren ließ?

Egal ob offen oder zu, ich hätte es sagen müssen!

Die Pfade der Schuld berühren sich, kreuzen, verwickeln sich.

Ein Labyrinth. Ein Irrgarten – mit Zerrspiegeln.

Jahrmarkt, Jahrmarkt!

Hereinspaziert, meine Herrschaften!

Zahlt Buße und Strafe für die Schuld eueres Daseins!

Nur keine Angst, es ist zu spät! – –

Am Nachmittag zogen wir alle aus, um den N zu finden. Wir durchsuchten das ganze Gebiet, riefen »N«! und wieder »N!«, aber es kam keine Antwort. Ich erwartete auch keine.

Es dämmerte bereits, als wir zurückkehrten. Durchnäßt, durchfroren.

»Wenn das so weiterregnet«, flucht der Feldwebel, »gibts noch die schönste Sündflut!«

Und es fiel mir wieder ein: als es aufhörte zu regnen und die Wasser der Sündflut wichen, sprach der Herr: »Ich will hinfort nicht mehr die Erde bestrafen um der Menschen willen.«

Und wieder frage ich mich: hat der Herr sein Versprechen gehalten?

Es regnet immer stärker.

»Wir müssens der Gendarmerie melden«, sagt der Feldwebel, »daß der N abgängig ist.«

»Morgen.«

»Ich versteh Sie nicht, Herr Lehrer, daß Sie so ruhig sind.«

»Ich denke, er wird sich verirrt haben, man verirrt sich ja leicht, und vielleicht übernachtet er auf irgendeinem Bauernhof.«

»In der Gegend dort gibts keine Höfe, nur Höhlen.«

Ich horche auf. Das Wort versetzt mir wieder einen Schlag.

»Wollen es hoffen«, fährt der Feldwebel fort, »daß er in einer Höhle sitzt und daß er sich nichts gebrochen hat.«

Ja, wollen wir hoffen. –

Plötzlich frage ich den Feldwebel: »Warum haben Sie mich heute früh nicht geweckt?«

»Nicht geweckt?« Er lacht. »Ich hab Sie in einer Tour geweckt, aber Sie sind ja dagelegen, als hätt Sie der Teufel geholt!«

Richtig, Gott ist das Schrecklichste auf der Welt.

Der letzte Tag

Am letzten Tage unseres Lagerlebens kam Gott.

Ich erwartete ihn bereits.

Der Feldwebel und die Jungen zerlegten gerade die Zelte, als er kam.

Sein Erscheinen war furchtbar. Dem Feldwebel wurde es übel, und er mußte sich setzen. Die Jungen standen entsetzt herum, halb gelähmt. Erst allmählich bewegten sie sich wieder, und zwar immer aufgeregter.

Nur der Z bewegte sich kaum.

Er starrte zu Boden und ging auf und ab. Doch nur ein paar Meter. Immer hin und her.

Dann schrie alles durcheinander, so schien es mir.

Nur der Z blieb stumm.

Was war geschehen?

Zwei Waldarbeiter waren im Lager erschienen, zwei Holzfäller mit Rucksack, Säge und Axt. Sie berichteten, daß sie einen Jungen gefunden hätten. Sie hatten seinen Schulausweis bei sich.

Es war der N.

Er lag in der Nähe der Höhlen in einem Graben, unweit der Lichtung. Mit einer klaffenden Kopfwunde. Ein Stein mußte ihn getroffen haben oder ein Schlag mit irgendeinem stumpfen Gegenstande.

Auf alle Fälle war er hin. Tot und tot.

Man hat ihn erschlagen, sagten die Waldarbeiter.

Ich stieg mit den Waldarbeitern ins Dorf hinab. Zur Gendarmerie. Wir liefen fast. Gott blieb zurück.

Die Gendarmen telephonierten mit dem Staatsanwalt in der nächsten Stadt, und ich telegraphierte meinem Direktor. Die Mordkommission erschien und begab sich an den Ort der Tat.

Dort lag der N im Graben.

Er lag auf dem Bauche.

Jetzt wurde er photographiert.

Die Herren suchten die nähere Umgebung ab. Peinlich genau. Sie suchten das Mordinstrument und irgendwelche Spuren.

Sie fanden, daß der N nicht in jenem Graben erschlagen wurde, sondern ungefähr zwanzig Meter entfernt davon. Man sah deutlich die Spur, wie er in den Graben geschleift worden war, damit ihn niemand finde.

Und sie fanden auch das Mordinstrument. Einen blutbefleckten spitzigen Stein. Auch einen Bleistift fanden sie und einen Kompaß.

Der Arzt konstatierte, daß der Stein mit großer Wucht aus nächster Nähe den Kopf des N getroffen haben mußte. Und zwar meuchlings, von rückwärts.

Befand sich der N auf der Flucht?

Der Untat mußte nämlich ein heftiger Kampf vorangegangen sein, denn sein Rock war zerrissen. Und seine Hände zerkratzt. –

Als die Mordkommission das Lager betrat, erblickte ich sogleich den Z. Er saß etwas abseits. Auch sein Rock ist zerrissen, ging es mir durch den Sinn, und auch seine Hände sind zerkratzt.

Aber ich werde mich hüten, davon zu reden! Mein Rock hat zwar keinen Riß und meine Hände sind ohne Kratzer, aber trotzdem bin auch ich daran schuld! –

Die Herren verhörten uns. Wir wußten alle nichts über den Hergang des Verbrechens.

Als der Staatsanwalt mich fragte: »Haben Sie keinen Verdacht?« – da sah ich wieder Gott. Er trat aus dem Zelte, wo der Z schlief, und hatte das Tagebuch in der Hand.

Jetzt sprach er mit dem R und ließ den Z nicht aus den Augen.

Der kleine R schien Gott nicht zu sehen, nur zu hören. Immer größer wurden seine Augen, als blickte er plötzlich in neues Land.

Da höre ich wieder den Staatsanwalt: »So reden Sie doch! Haben Sie keinen Verdacht?«

»Nein.«

»Herr Staatsanwalt«, schreit plötzlich der R und drängt sich vor, »der Z und der N haben sich immer gerauft! Der N hat nämlich das Tagebuch des Z gelesen, und deshalb war ihm der Z todfeind – er führt nämlich ein Tagebuch, es liegt in einem Kästchen aus blauem Blech!«

Alle blicken auf den Z.

Der steht mit gesenktem Haupt. Man kann sein Gesicht nicht sehen. Ist es weiß oder rot? Langsam tritt er vor.

Er hält vor dem Staatsanwalt.

Es wird sehr still.

»Ja«, sagt er leise, »ich habs getan.«

Er weint.

Ich werfe einen Blick auf Gott.

Er lächelt.

Warum?

Und wie ich mich so frage, sehe ich ihn nicht mehr.

Er ist wieder fort.

Morgen beginnt der Prozeß.

Ich sitze auf der Terrasse eines Cafés und lese die Zeitungen.

Der Abend ist kühl, denn es ist Herbst geworden.

Schon seit vielen Tagen berichten die Zeitungen über die kommende Sensation. Einzelne unter der Überschrift Mordprozeß Z, andere unter Mordprozeß N. Sie bringen Betrachtungen, Skizzen, graben alte Kriminalfälle mit Jugendlichen im Mittelpunkt aus, sprechen über die Jugend überhaupt und an sich, prophezeien und kommen vom Hundertsten ins Tausendste, finden aber dennoch immer irgendwie zurück zum Ermordeten N und seinem Mörder Z.

Heute früh erschien ein Mitarbeiter bei mir und interviewte mich. Im Abendblatt muß es schon drinnen sein. Ich suche das Blatt. Er hat mich sogar photographiert. Ja, da ist mein Bild! Hm, ich hätt mich kaum wiedererkannt. Eigentlich ganz nett. Und unter dem Bilde steht: »Was sagt der Lehrer?«

Nun, was sage ich?

»Einer unserer Mitarbeiter besuchte heute vormittag im städtischen Gymnasium jenen Lehrer, der seinerzeit im Frühjahr die oberste Aufsicht über jenes Zeltlager innehatte, allwo sich die verhängnisvolle Tragödie unter Jugendlichen abrollen sollte. Der Lehrer sagte, er stehe vor einem Rätsel, und zwar nach wie vor. Der Z sei immer ein aufgeweckter Schüler gewesen, und ihm, dem Lehrer, wären niemals irgendwelche charakterliche Anomalitäten, geschweige denn Defekte oder verbrecherische Instinkte aufgefallen. Unser Mitarbeiter legte dem Lehrer die folgenschwere Frage vor, ob diese Untat ihre Wurzel etwa in einer gewissen Verrohung der Jugend hätte, was jedoch der Lehrer strikt bestritt. Die heutige Jugend, meinte er, sei keineswegs verroht, sie sei vielmehr, dank der allgemeinen Gesundung, äußerst pflichtbewußt, aufopferungsfreudig und absolut national. Dieser Mord sei ein tiefbedauerlicher Einzelfall, ein Rückfall in schlimmste liberalistische Zeiten. Jetzt läutet die Schulglocke, die Pause ist aus, und der Lehrer empfiehlt sich. Er schreitet in die Klasse, um junge aufgeschlossene Seelen zu wertvollen Volksgenossen auszubilden. Gottlob ist der Fall Z nur ein Ausnahmefall, der ausnahmsweise Durchbruch eines verbrecherischen Individualismus!«

Hinter meinem Interview folgt eines mit dem Feldwebel. Auch sein Bild ist in der Zeitung, aber so hat er mal ausgesehen, vor dreißig Jahren. Ein eitler Kopf.

Nun, was sagt der Feldwebel?

»Unser Mitarbeiter besuchte auch den seinerzeitigen militärischen Ausbildungsleiter. Der militärische Ausbildungsleiter, kurz MA genannt, empfing unseren Mitarbeiter mit ausgesuchter Höflichkeit, doch in der strammen Haltung des alten, immer noch frischen Haudegens. Seiner Ansicht nach entspringt die Tat einem Mangel an Disziplin. Eingehend äußerte er sich über den Zustand des Leichnams des Ermordeten anläßlich dessen Auffindung. Er hatte den ganzen Weltkrieg mitgemacht, jedoch niemals eine derart grauenhafte Wunde gesehen. ›Als alter Soldat bin ich für den Frieden‹, schloß sein aufschlußreiches Gespräch.«

»Unser Mitarbeiter besuchte auch die Präsidentin des Verbandes gegen die Kinderverwahrlosung, die Frau Rauchfangkehrermeister K. Die Präsidentin bedauert den Fall aus tiefstem Inneren heraus. Sie kann schon seit Tagen nicht mehr schlafen, visionäre Träume quälen die verdienstvolle Frau. Ihrer Meinung nach wäre es höchste Zeit, daß die maßgebenden Faktoren endlich bessere Besserungsanstalten bauten angesichts der sozialen Not.«

Ich blättere weiter. Ach, wer ist denn das? Richtig, das ist ja der Bäckermeister N, der Vater des Toten! Und auch seine Gattin ist abgebildet, Frau Elisabeth N, geborene S.

»Ihre Frage«, sagt der Bäckermeister zum Mitarbeiter, »will ich gerne beantworten. Das unbestechliche Gericht wird es herauszufinden haben, ob unser ärmster Otto nicht doch nur das Opfer eines sträflichen Leichtsinns der Aufsichtsstelle geworden ist, ich denke jetzt ausschließlich an den Lehrer und keineswegs an den MA. Justitia fundamentum regnorum. Überhaupt müßte eine richtige Durchsiebung des Lehrpersonals erfolgen, es wimmelt noch vor lauter getarnten Staatsfeinden. Bei Philippi sehen wir uns wieder!«

Und die Frau Bäckermeister meint: »Ottochen war meine Sonne. Jetzt hab ich halt nur mehr meinen Gatten. Aber Ottochen und ich, wir stehen immer in einem geistigen Kontakt. Ich bin in einem spiritistischen Zirkel.«

Ich lese weiter.

In einer anderen Zeitung steht: »Die Mutter des Mörders wohnt in einer Dreizimmerwohnung. Sie ist die Witwe des Universitätsprofessors Z, der vor zirka zehn Jahren starb. Professor Z war ein angesehener Physiologe. Seine Studien über die Reaktion der Nerven anläßlich von Amputationen erregten nicht nur in Fachkreisen Aufsehen. Vor zirka zwanzig Jahren bildete er einige Zeit hindurch das Hauptangriffsziel des Vereins gegen Vivisektion. Frau Professor Z verweigert uns leider jede Aussage. Sie sagt nur: ›Meine Herren, können Sie es sich denn nicht denken, was ich durchzumachen habe?‹ Sie ist eine mittelgroße Dame. Sie trug Trauer.«

Und in einer anderen Zeitung entdeckte ich den Verteidiger des Angeklagten. Er hat auch mit mir schon dreimal gesprochen und scheint Feuer und Flamme für den Fall zu sein.

Ein junger Anwalt, der ganz genau weiß, was für ihn auf dem Spiele steht.

Alle Mitarbeiter blicken auf ihn.

Es ist ein langes Interview.

»In diesem sensationellen Mordprozeß, meine Herren«, beginnt der Verteidiger sein Interview, »befindet sich die Verteidigung in einer prekären Situation. Sie hat nämlich ihre Klinge nicht nur gegen die Staatsanwaltschaft, sondern auch gegen den Angeklagten, den sie ja verteidigen muß, zu führen.«

»Wieso?«

»Der Angeklagte, meine Herren, bekennt sich eines Verbrechens wider die Person schuldig. Es ist Totschlag und nicht

Mord, wie ich ganz besonders zu vermerken bitte. Aber trotz des Geständnisses des jugendlichen Angeklagten bin ich felsenfest davon überzeugt, daß er nicht der Täter ist. Meiner Überzeugung nach deckt er jemanden.«

»Sie wollen doch nicht behaupten, Herr Doktor, daß jemand anderer die Tat beging?«

»Doch, meine Herren, das will ich sogar sehr behaupten! Abgesehen davon, daß mir dies auch ein undefinierbares Gefühl sagt, gewissermaßen der Jagdinstinkt des Kriminalisten, habe ich auch bestimmte Gründe für meine Behauptung. Er war es nicht! Überlegen Sie sich doch mal die Motive der Tat! Er erschlägt seinen Mitschüler, weil dieser sein Tagebuch las. Aber was stand denn in dem Tagebuch? Doch hauptsächlich die Affäre mit jenem verkommenen Mädchen. Er schützt das Mädchen und verkündet unüberlegt: ›Jeder, der mein Tagebuch anrührt, stirbt!‹ – gewiß, gewiß! Es spricht alles gegen ihn und doch auch wieder nicht alles. Abgesehen davon, daß die ganze Art und Weise seines Geständnisses einer ritterlichen Haltung nicht ganz entbehrt, ist es denn nicht auffallend, daß er über den eigentlichen Totschlag nicht spricht? Kein Wörtchen über den Hergang der Tat! Warum erzählt er sie uns nicht? Er sagt, er erinnere sich nicht mehr. Falsch! Er könnte sich nämlich gar nicht erinnern, denn er weiß es ja nicht, wie, wo und wann sein bedauernswerter Mitschüler erschlagen wurde. Er weiß nur, es geschah mit einem Stein. Man zeigt ihm Steine, er kann sich nicht mehr erinnern. Meine Herren, er deckt die Tat eines anderen!«

»Aber der zerrissene Rock und die Kratzer an den Händen?«

»Gewiß, er hat den N auf einem Felsen getroffen und hat mit ihm gerauft, das erzählt er uns ja auch mit allen Einzelheiten. Aber daß er ihm dann nachgeschlichen ist und hinterrücks mit einem Stein – nein-nein! Den N erschlug ein anderer, oder vielmehr: eine andere!«

»Sie meinen jenes Mädchen?«

»Jawohl, die meine ich! Sie beherrschte ihn, sie beherrscht ihn noch immer. Er ist ihr hörig. Meine Herren, wir werden auch die Psychiater vernehmen!«

»Ist das Mädchen als Zeugin geladen?«

»Natürlich! Sie wurde kurz nach dem Morde in einer Höhle verhaftet und ist bereits längst abgeurteilt, samt ihrer Bande. Wir werden Eva sehen und hören, vielleicht schon morgen.«

»Wie lange wird der Prozeß dauern?«

»Ich rechne mit zwei bis drei Tagen. Es sind zwar nicht viele Zeugen geladen, aber, wie gesagt, ich werde mit dem Angeklagten scharf kämpfen müssen. Hart auf hart! Ich fechte es durch! Er wird wegen Diebstahlsbegünstigung verurteilt werden – das ist alles!«

Ja, das ist alles.

Von Gott spricht keiner.

Mordprozeß Z oder N

Vor dem Justizpalast standen dreihundert Menschen.

Sie wollten alle hinein, doch das Tor war zu, denn die Einlaßkarten waren bereits seit Wochen vergeben. Meist durch Protektion, aber nun wurde streng kontrolliert.

In den Korridoren kam man kaum durch.

Alle wollten den Z sehen.

Besonders die Damenwelt.

Vernachlässigt und elegant, waren sie geil auf Katastrophen, von denen sie kein Kind bekommen konnten.

Sie lagen mit dem Unglück anderer Leute im Bett und befriedigten sich mit einem künstlichen Mitleid.

Die Pressetribüne war überfüllt.

Als Zeugen wurden unter anderen vorgeladen: die Eltern des N, die Mutter des Z, der Feldwebel, der R, der mit Z und N das Zelt geteilt hatte, die beiden Waldarbeiter, welche die Leiche des Ermordeten gefunden hatten, der Untersuchungsrichter, die Gendarmen, usw. usw.

Und natürlich auch ich.

Und natürlich auch Eva.

Aber die war noch nicht im Saal. Sie sollte erst vorgeführt werden.

Der Staatsanwalt und der Verteidiger blättern in den Akten.

Jetzt sitzt Eva in einer Einzelzelle und wartet, daß sie drankommt.

Der Angeklagte erscheint. Ein Wachmann begleitet ihn.

Er sieht aus wie immer. Nur bleicher ist er geworden, und mit den Augen zwinkert er. Es stört ihn das Licht. Sein Scheitel ist noch in Ordnung.

Er setzt sich auf die Angeklagtenbank, als wärs eine Schulbank.

Alle sehen ihn an.

Er blickt kurz hin und erblickt seine Mutter.

Er starrt sie an – was rührt sich in ihm?

Scheinbar nichts.

Seine Mutter schaut ihn kaum an.

Oder scheint es nur so?

Denn sie ist dicht verschleiert – schwarz und schwarz, kein Gesicht.

Der Feldwebel begrüßt mich und erkundigt sich, ob ich sein Interview gelesen hätte. Ich sage »ja«, und der Bäckermeister N horcht auf meine Stimme hin gehässig auf.

Er könnt mich wahrscheinlich erschlagen.

Mit einer altbackenen Semmel.

Schleier

Der Präsident des Jugendgerichtshofes betritt den Saal, und alles erhebt sich. Er setzt sich und eröffnet die Verhandlung.

Ein freundlicher Großpapa.

Die Anklageschrift wird verlesen.

Z wird nicht des Totschlags, sondern des Mordes angeklagt, und zwar des meuchlerischen.

Der Großpapa nickt, als würde er sagen: »Oh, diese Kinder!«

Dann wendet er sich dem Angeklagten zu.

Z erhebt sich.

Er gibt seine Personalien an und ist nicht befangen.

Nun soll er in freier Rede sein Leben erzählen. Er wirft einen scheuen Blick auf seine Mutter und wird befangen.

Es wäre so gewesen wie bei allen Kindern, fängt er dann leise an. Seine Eltern wären nicht besonders streng gewesen, wie eben alle Eltern. Sein Vater sei schon sehr bald gestorben.

Er ist das einzige Kind.

Die Mutter führt ihr Taschentuch an die Augen, aber oberhalb des Schleiers.

Ihr Sohn erzählt, was er werden wollte – ja, er wollte mal ein großer Erfinder werden. Aber er wollte nur Kleinigkeiten erfinden, wie zum Beispiel: einen neuartigen Reißverschluß.

»Sehr vernünftig«, nickte der Präsident. »Aber wenn du nichts erfunden hättest?«

»Dann wäre ich Flieger geworden. Postflieger. Am liebsten nach Übersee.«

Zu den Negern? muß ich unwillkürlich denken.

Und wie der Z so von seiner ehemaligen Zukunft spricht, rückt die Zeit immer näher und näher – bald wird er da sein, der Tag, an dem der liebe Gott kam.

Der Z schildert das Lagerleben, das Schießen, Marschieren, das Hissen der Flagge, den Feldwebel und mich. Und er sagt einen sonderbaren Satz: »Die Ansichten des Herrn Lehrers waren mir oft zu jung.«

Der Präsident staunt.

»Wieso?«

»Weil der Herr Lehrer immer nur sagte, wie es auf der Welt sein sollte, und nie, wie es wirklich ist.«

Der Präsident sieht den Z groß an. Fühlt er, daß nun ein Gebiet betreten wurde, wo das Radio regiert? Wo die Sehnsucht nach der Moral zum alten Eisen geworfen wird, während man vor der Brutalität der Wirklichkeit im Staube liegt? Ja, er scheint es zu fühlen, denn er sucht nach einer günstigen Gelegenheit, um die Erde verlassen zu können. Plötzlich fragt er den Z: »Glaubst du an Gott?«

»Ja«, sagt der Z, ohne zu überlegen.

»Und kennst du das fünfte Gebot?«

»Ja.«

»Bereust du deine Tat?«

Es wird sehr still im Saal.

»Ja«, meint der Z, »ich bereue sie sehr.«

Sie klang aber unecht, die Reue.

Das Verhör wandte sich dem Mordtag zu.

Die Einzelheiten, die bereits jeder kannte, wurden abermals durchgekaut.

»Wir sind sehr früh fortmarschiert«, erzählt der Z zum hundertenmal, »und sind dann bald in einer Schwarmlinie durch das Dickicht gegen einen Höhenzug vorgerückt, der von dem markierten Feinde gehalten wurde. In der Nähe der Höhlen traf ich zufällig den N. Es war auf einem Felsen. Ich hatte eine riesige Wut auf den N, weil er mein Kästchen erbrochen hat. Er hat es zwar geleugnet –«

»Halt!« unterbricht ihn der Präsident. »Der Herr Lehrer hat es hier in den Akten vor dem Untersuchungsrichter zu Protokoll gegeben, daß du ihm gesagt hättest, der N hätte es dir gestanden, daß er das Kästchen erbrochen hat.

»Das hab ich nur so gesagt.«

»Warum?«

»Damit kein Verdacht auf mich fällt, wenn es herauskommt.«

»Aha. Weiter!«

»Wir gerieten also ins Raufen, ich und der N, und er warf mich dabei fast den Felsen hinab – da wurde es mir rot vor den Augen, und ich sprang wieder empor und warf ihm den Stein hinauf.«

»Auf dem Felsen?«

»Nein.«

»Sondern wo?«

»Das hab ich vergessen.«

Er lächelt.

Es ist nichts aus ihm herauszubekommen.

Er erinnert sich nicht mehr.

»Und wo setzt sie wieder ein, deine Erinnerung?«

»Ich ging ins Lager zurück und schrieb es in mein Tagebuch hinein, daß ich mit dem N gerauft habe.«

»Ja, das ist die letzte Eintragung, aber du hast den letzten Satz nicht zu Ende geschrieben.«

»Weil mich der Herr Lehrer gestört hat.«

»Was wollte er von dir?«

»Ich weiß es nicht.«

»Nun, er wird es uns schon erzählen.«

Auf dem Gerichtstisch liegt das Tagebuch des Z, ein Bleistift und ein Kompaß. Und ein Stein.

Der Präsident fragt den Z, ob er den Stein wiedererkenne?

Der Z nickt ja.

»Und wem gehört der Bleistift, der Kompaß?«

»Die gehören nicht mir.«

»Sie gehören dem unglücklichen N«, sagt der Präsident und blickt wieder in die Akten. »Doch nein! Nur der Bleistift gehört dem N! Warum sagst du es denn nicht, daß der Kompaß dir gehört?«

Der Z wird rot.

»Ich hab es vergessen«, entschuldigt er sich leise.

Da erhebt sich der Verteidiger: »Herr Präsident, vielleicht gehört der Kompaß wirklich nicht ihm.«

»Was wollen Sie damit sagen?«

»Damit will ich sagen, daß dieser fatale Kompaß, der dem N nicht gehört, vielleicht auch dem Z nicht gehört, sondern vielleicht einer dritten Person. Bitte mal den Angeklagten zu fragen, ob wirklich niemand dritter dabei war, als die Tat geschah.«

Er setzte sich wieder, und der Z wirft einen kurzen, feindseligen Blick auf ihn.

»Es war keinerlei dritte Person dabei«, sagt er fest.

Da springt der Verteidiger auf: »Wieso erinnert er sich so fest daran, daß keine dritte Person dabei war, wenn er sich überhaupt nicht erinnern kann, wann, wie und wo die Tat verübt wurde?!«

Aber nun mischt sich auch der Staatsanwalt ins Gespräch.

»Der Herr Verteidiger will anscheinend darauf hinaus«, meint er ironisch, »daß nicht der Angeklagte, sondern der große Unbekannte den Mord vollführte. Jawohl, der große Unbekannte —«

»Ich weiß nicht«, unterbricht ihn der Verteidiger, »ob man ein verkommenes Mädchen, das eine Räuberbande organisierte, ohne weiteres als große Unbekannte bezeichnen darf —«

»Das Mädel war es nicht«, fällt ihm der Staatsanwalt ins Wort, »sie wurde weiß Gott eingehend genug verhört, wir werden ja auch den Herrn Untersuchungsrichter als Zeugen hören — abgesehen davon, daß ja der Angeklagte die Tat glatt zugibt, er hat sie sogar sogleich zugegeben, was auch in gewisser Hinsicht für ihn spricht. Die Absicht der Verteidigung, die Dinge so hinzustellen, als hätte das Mädchen gemordet und als würde der Z sie nur decken, führt zu Hirngespinsten!«

»Abwarten!« lächelt der Verteidiger und wendet sich an den Z:

»Steht es nicht schon in deinem Tagebuch, sie nahm einen Stein und warf ihn nach mir — und wenn der mich getroffen hätte, dann wär ich jetzt hin?«

Der Z sieht ihn ruhig an. Dann macht er eine wegwerfende Geste.

»Ich hab übertrieben, es war nur ein kleiner Stein.«

Und plötzlich gibt er sich einen Ruck.

»Verteidigen Sie mich nicht mehr, Herr Doktor, ich möchte bestraft werden für das, was ich tat!«

»Und deine Mutter?« schreit ihn sein Verteidiger an. »Denkst du denn gar nicht an deine Mutter, was die leidet?! Du weißt ja nicht, was du tust!«

Der Z steht da und senkt den Kopf.

Dann blickt er auf seine Mutter. Fast forschend.

Alle schauen sie an, aber sie können nichts sehen vor lauter Schleier.

In der Wohnung

Vor Einvernahme der Zeugen schaltet der Präsident eine Pause ein. Es ist Mittag. Der Saal leert sich allmählich, der Angeklagte wird abgeführt. Staatsanwalt und Verteidiger blicken sich siegesgewiß an.

Ich gehe in den Anlagen vor dem Justizpalast spazieren.

Es ist ein trüber Tag, naß und kalt.

Die Blätter fallen – ja, es ist wieder Herbst geworden.

Ich biege um eine Ecke und halte fast.

Aber ich gehe gleich weiter.

Auf der Bank sitzt die Mutter des Z.

Sie rührt sich nicht.

Sie ist eine mittelgroße Dame, fällt es mir ein.

Unwillkürlich grüße ich. Sie dankt jedoch nicht.

Wahrscheinlich hat sie mich gar nicht gesehen.

Wahrscheinlich ist sie ganz anderswo – –

Die Zeit, in der ich an keinen Gott glaubte, ist vorbei. Heute glaube ich an ihn. Aber ich mag ihn nicht. Ich sehe ihn noch vor mir, wie er im Zeltlager mit dem kleinen R spricht und den Z nicht aus den Augen läßt. Er muß stechende, tükkische Augen haben – kalt, sehr kalt. Nein, er ist nicht gut.

Warum läßt er die Mutter des Z so sitzen? Was hat sie denn getan? Kann sie für das, was ihr Sohn verbrach? Warum verurteilt er die Mutter, wenn er den Sohn verdammt?

Nein, er ist nicht gerecht.

Ich will mir eine Zigarette anzünden.

Zu dumm, ich hab sie zu Hause vergessen!

Ich verlasse die Anlagen und suche ein Zigarettenge-schäft.

In einer Seitenstraße finde ich eines.

Es ist ein kleines Geschäft und gehört einem uralten Ehepaar. Es dauert lang, bis der Alte die Schachtel öffnet und die Alte zehn Zigaretten zählt. Sie stehen sich gegenseitig im Wege, sind aber freundlich zueinander.

Die Alte gibt mir zu wenig heraus, und ich mache sie lächelnd darauf aufmerksam. Sie erschrickt sehr. »Gott behüt!« meint sie, und ich denke, wenn dich Gott behütet, dann bist du ja wohl geborgen.

Sie hat kein Kleingeld und geht hinüber zum Metzger wechseln.

Ich bleib mit dem Alten zurück und zünde mir eine Zigarette an.

Er fragt, ob ich einer vom Gericht wär, denn bei ihm kauften hauptsächlich Herren vom Gericht. Und schon fängt er auch mit dem Mordprozeß an. Der Fall sei nämlich riesig interessant, denn da könnte man deutlich Gottes Hand darin beobachten.

Ich horche auf.

»Gottes Hand?«

»Ja«, sagt er, »denn in diesem Falle scheinen alle Beteiligten schuld zu sein. Auch die Zeugen, der Feldwebel, der Lehrer – und auch die Eltern.«

»Die Eltern?«

»Ja. Denn nicht nur die Jugend, auch die Eltern kümmern sich nicht mehr um Gott. Sie tun, als wär er gar nicht da.«

Ich blicke auf die Straße hinaus.

Die Alte verläßt die Metzgerei und geht nach rechts zum Bäcker.

Aha, der Metzger konnte auch nicht wechseln.

Es ist niemand auf der Straße zu sehen, und plötzlich werde ich einen absonderlichen Gedanken nicht mehr los: es hat etwas zu bedeuten, denke ich, daß der Metzger nicht wechseln kann. Es hat etwas zu bedeuten, daß ich hier warten muß.

Ich sehe die hohen grauen Häuser und sage: »Wenn man nur wüßte, wo Gott wohnt.«

77

»Er wohnt überall, wo er nicht vergessen wurde«, höre ich
die Stimme des Alten. »Er wohnt auch hier bei uns, denn
wir streiten uns nie.«

Ich halte den Atem an.

Was war das?

War das noch die Stimme des Alten?

Nein, das war nicht seine – das war eine andere Stimme.

Wer sprach da zu mir?

Ich dreh mich nicht um.

Und wieder höre ich die Stimme:

»Wenn du als Zeuge aussagst und meinen Namen nennst,
dann verschweige es nicht, daß du das Kästchen erbrochen
hast.«

Das Kästchen!

Nein! Da werd ich doch nur bestraft, weil ich den Dieb nicht
verhaften ließ!

»Das sollst du auch!«

Aber ich verliere auch meine Stellung, mein Brot –

»Du mußt es verlieren, damit kein neues Unrecht ent-
steht.«

Und meine Eltern?! Ich unterstütze sie ja!

»Soll ich dir deine Kindheit zeigen?«

Meine Kindheit?

Die Mutter keift, der Vater schimpft. Sie streiten sich immer.
Nein, hier wohnst du nicht. Hier gehst du nur vorbei, und
dein Kommen bringt keine Freude –

Ich möchte weinen.

»Sage es«, höre ich die Stimme, »sage es, daß du das Kästchen
erbrochen hast. Tu mir den Gefallen und kränke mich nicht
wieder.«

Der Kompaß

Der Prozeß schreitet fort.

Die Zeugen sind dran.

Der Waldarbeiter, die Gendarmen, der Untersuchungsrichter, der Feldwebel, sie habens schon hinter sich. Auch der Bäckermeister N und seine Gattin Elisabeth sagten schon, was sie wußten. Sie wußten alle nichts.

Der Bäckermeister brachte es nicht übers Herz, meine Ansicht über die Neger unerwähnt zu lassen. Er richtete heftige Vorwürfe gegen meine verdächtige Gesinnung, und der Präsident sah ihn mißbilligend an, wagte es aber nicht, ihn zu unterbrechen.

Jetzt wird die Mutter des Z aufgerufen.

Der Präsident setzt es ihr auseinander, daß sie sich ihrer Zeugenaussage entschlagen könnte, doch sie fällt ihm ins Wort, sie wolle aussagen.

Sie spricht, nimmt jedoch den Schleier nicht ab.

Sie hat ein unangenehmes Organ.

Der Z sei ein stilles, jedoch jähzorniges Kind, erzählt sie, und diesen Jähzorn hätte er von seinem Vater geerbt. Krank wäre er nie gewesen, nur so die gewöhnlichen harmlosen Kinderkrankheiten hatte er durchgemacht.

Geistige Erkrankungen wären in der Familie auch nicht vorgekommen, weder väterlicher- noch mütterlicherseits.

Plötzlich unterbricht sie sich selber und fragt: »Herr Präsident, darf ich an meinen Sohn eine Frage richten?«

»Bitte!«

Sie tritt an den Gerichtstisch, nimmt den Kompaß in die Hand und wendet sich ihrem Sohne zu.

»Seit wann hast du denn einen Kompaß?« fragt sie, und es klingt wie Hohn. »Du hast doch nie einen gehabt, wir haben uns ja noch gestritten vor deiner Abreise ins Lager, weil du sagtest: alle haben einen, nur ich nicht, und ich werde mich verirren ohne Kompaß – woher hast du ihn also?«

Der Z starrt sie an.

Sie wendet sich triumphierend an den Präsidenten: »Es ist nicht sein Kompaß, und den Mord hat der begangen, der diesen Kompaß verloren hat!«

Der Saal murmelt, und der Präsident fragt den Z: »Hörst du, was deine Mutter sagt?«

Der Z starrt sie noch immer an.

»Ja«, sagt er langsam. »Meine Mutter lügt.«

Der Verteidiger schnellt empor: »Ich beantrage, ein Fakultätsgutachten über den Geisteszustand des Angeklagten einzuholen!«

Der Präsident meint, das Gericht würde sich später mit diesem Antrag befassen.

Die Mutter fixiert den Z: »Ich lüge, sagst du?«

»Ja.«

»Ich lüge nicht!« brüllt sie plötzlich los. »Nein, ich habe noch nie in meinem Leben gelogen, aber du hast immer gelogen, immer! Ich sage die Wahrheit und nur die Wahrheit, aber du willst doch nur dieses dreckige Weibsbild beschützen, dieses verkommene Luder!«

»Das ist kein Luder!«

»Halt den Mund!« kreischt die Mutter und wird immer hysterischer. »Du denkst eh immer nur an lauter solche elende Fetzen, aber nie denkst du an deine arme Mutter!«

»Das Mädel ist mehr wert wie du!«

»Ruhe!« schreit der Präsident empört und verurteilt den Z wegen Zeugenbeleidigung zu zwei Tagen Haft. »Unerhört«, fährt er ihn an, »wie du deine eigene Mutter behandelst! Das läßt aber tief blicken!«

Jetzt verliert der Z seine Ruhe.

Der Jähzorn, den er von seinem Vater geerbt hat, bricht aus.

»Das ist doch keine Mutter!« schreit er. »Nie kümmert sie sich um mich, immer nur um ihre Dienstboten! Seit ich lebe, höre ich ihre ekelhafte Stimme, wie sie in der Küche die Mädeln beschimpft!«

»Er hat immer zu den Mädeln gehalten, Herr Präsident! Genau wie mein Mann!« Sie lacht kurz.

»Lach nicht Mutter!« herrscht sie der Sohn an. »Erinnerst du dich nicht mehr an die Thekla?!«

»An was für eine Thekla?!«

»Sie war fünfzehn Jahre alt, und du hast sie sekkiert, wo du nur konntest! Bis elf Uhr nachts mußte sie bügeln und morgens um halb fünf schon aufstehen, und zu fressen hat sie auch nichts bekommen! Und dann ist sie weg – erinnerst du dich?«

»Ja, sie hat gestohlen!«

»Um fort zu können! Ich war damals sechs Jahre alt und weiß es noch genau, wie der Vater nach Haus gekommen ist und gesagt hat, das arme Mädel ist erwischt worden, sie kommt in die Besserungsanstalt! Und daran warst du schuld, nur du!«

»Ich?!«

»Vater hat es auch gesagt!«

»Vater, Vater! Der hat vieles gesagt!«

»Vater hat nie gelogen! Ihr habt euch damals entsetzlich gestritten, und Vater schlief nicht zu Haus, erinnerst du dich? Und so ein Mädel wie die Thekla, so eines ist auch die Eva – genauso! Nein, Mutter, ich mag dich nicht mehr!«

Es wurde sehr still im Saal.

Dann sagt der Präsident: »Ich danke, Frau Professor!«

Das Kästchen

Nun bin ich dran.

Es ist bereits dreiviertelfünf.

Ich werde als Zeuge vereidigt.

Ich schwöre bei Gott, nach bestem Gewissen die Wahrheit zu sagen und nichts zu verschweigen.

Jawohl, nichts zu verschweigen.

Während ich schwöre, wird der Saal unruhig.

Was gibts?

Ich dreh mich kurz um und erblicke Eva.

Sie setzt sich gerade auf die Zeugenbank, begleitet von einer Gefängnisbeamtin.

Ihre Augen wollt ich mal sehen, geht es mir durch den Sinn.

Ich werde sie mir anschauen, sowie ich alles gesagt haben werde.

Jetzt komme ich nicht dazu.

Ich muß ihr den Rücken zeigen, denn vor mir steht das Kruzifix.

Sein Sohn.

Ich schiele nach dem Z.

Er lächelt.

Ob sie jetzt wohl auch lächelt – hinter meinem Rücken?

Ich beantworte die Fragen des Präsidenten. Er streift auch wieder die Neger – ja, wir verstehen uns. Ich stelle dem N ein gutes Zeugnis aus und ebenso dem Z. Beim Mord war ich nicht dabei. Der Präsident will mich schon entlassen, da falle ich ihm ins Wort: »Nur noch eine Kleinigkeit, Herr Präsident!«

»Bitte!«

»Jenes Kästchen, in welchem das Tagebuch des Z lag, erbrach nicht der N.«

»Nicht der N? Sondern?«

»Sondern ich. Ich war es, der das Kästchen mit einem Draht öffnete.«

Die Wirkung dieser Worte war groß.

Der Präsident ließ den Bleistift fallen, der Verteidiger schnellte empor, der Z glotzte mich an mit offenem Munde, seine Mutter schrie auf, der Bäckermeister wurde bleich wie Teig und griff sich ans Herz.

Und Eva?

Ich weiß es nicht.

Ich fühle nur eine allgemeine ängstliche Unruhe hinter mir.

Es murrt, es tuschelt.

Der Staatsanwalt erhebt sich hypnotisiert und deutet langsam mit dem Finger nach mir. »Sie?!« fragt er gedehnt.

»Ja«, sage ich und wundere mich über meine Ruhe.

Ich fühle mich wunderbar leicht.

Und erzähle nun alles.

Warum ich das Kästchen erbrach und weshalb ich es dem Z nicht sogleich gestand. Weil ich mich nämlich schämte, aber es war auch eine Feigheit dabei.

Ich erzähle alles.

Weshalb ich das Tagebuch las und warum ich keine gesetz-
lichen Konsequenzen zog, denn ich wollte einen Strich durch
eine Rechnung ziehen. Einen dicken Strich. Durch eine andere
Rechnung. Ja, ich war dumm!

Ich bemerke, daß der Staatsanwalt zu notieren beginnt, aber
das stört mich nicht.

Alles, alles!

Erzähl nur zu!

Auch Adam und Eva. Und die finsteren Wolken und den
Mann im Mond!

Als ich fertig bin, steht der Staatsanwalt auf.

»Ich mache den Herrn Zeugen darauf aufmerksam, daß er
sich über die Konsequenzen seiner interessanten Aussage keinerlei Illusionen hingeben soll. Die Staatsanwaltschaft behält
es sich vor, Anklage wegen Irreführung der Behörden und
Diebstahlsbegünstigung zu erheben.«

»Bitte«, verbeuge ich mich leicht, »ich habe geschworen, nichts
zu verschweigen.«

Da brüllt der Bäckermeister: »Er hat meinen Sohn am Gewissen, nur er!« Er bekommt einen Herzanfall und muß
hinausgeführt werden. Seine Gattin hebt drohend den Arm:
»Fürchten Sie sich«, ruft sie mir zu, »fürchten Sie sich vor
Gott.«

Nein, ich fürchte mich nicht mehr vor Gott.

Ich spüre den allgemeinen Abscheu um mich herum.

Nur zwei Augen verabscheuen mich nicht.

Sie ruhen auf mir.

Still wie die dunklen Seen in den Wäldern meiner Heimat.

Eva, bist du schon der Herbst?

Vertrieben aus dem Paradies

Eva wird nicht vereidigt.

»Kennst du das?« fragt sie der Präsident und hebt den Kompaß hoch.

»Ja«, sagt sie, »das zeigt die Richtung an.«

»Weißt du, wem der gehört?«

»Mir nicht, aber ich kann es mir denken.«

»Schwindel nur nicht!«

»Ich schwindle nicht. Ich möcht jetzt genauso die Wahrheit sagen wie der Herr Lehrer.«

Wie ich?

Der Staatsanwalt lächelt ironisch.

Der Verteidiger läßt sie nicht aus den Augen.

»Also los!« meint der Präsident.

Und Eva beginnt:

»Als ich den Z in der Nähe unserer Höhle traf, kam der N daher.«

»Du warst also dabei?«

»Ja«

»Und warum sagst du das erst jetzt? Warum hast du denn die ganze Untersuchung über gelogen, daß du nicht dabei warst, wie der Z den N erschlug?!«

»Weil der Z nicht den N erschlug.«

»Nicht der Z?! Sondern?!«

Ungeheuer ist die Spannung. Alles im Saal beugt sich vor. Sie beugen sich über das Mädchen, aber das Mädchen wird nicht kleiner.

Der Z ist sehr blaß.

Und Eva erzählt: »Der Z und der N rauften fürchterlich, der N war stärker und warf den Z über den Felsen hinab. Ich dachte, jetzt ist er hin, und ich wurde sehr wild, und ich dachte auch, er kennt ja das Tagebuch und weiß alles von mir – ich nahm einen Stein, diesen Stein da, und lief ihm nach. Ich wollte ihm den Stein auf den Kopf schlagen, ja, ich wollte, aber plötzlich sprang ein fremder Junge aus dem Dickicht, entriß mir den Stein und eilte dem N nach. Ich sah, wie er ihn einholte und mit ihm redete. Es war bei einer Lichtung. Den Stein hielt er noch immer in der Hand. Ich versteckte mich, denn ich hatte Angst, daß die beiden zurückkommen. Aber sie kamen nicht, sie gingen eine andere Richtung, der N zwei Schritte voraus. Auf einmal hebt der Fremde den Stein und schlägt ihn von hinten dem N auf den Kopf. Der N fiel hin und rührte sich nicht. Der Fremde beugte sich über ihn und betrachtete ihn, dann schleifte er ihn fort. In einen Graben. Er wußte es nicht, daß ich alles beobachtete. Ich lief dann zum Felsen zurück und traf dort den Z. Er tat sich nichts durch den Sturz, nur sein Rock war zerrissen, und seine Hände waren zerkratzt.« – –

Der Verteidiger findet als erster seine Sprache wieder: »Ich stelle den Antrag, die Anklage gegen Z fallenzulassen –«

»Moment, Herr Doktor«, unterbricht ihn der Präsident und wendet sich an den Z, der das Mädel immer noch entgeistert anstarrt.

»Ist das wahr, was sie sagte?«

»Ja«, nickt leise der Z.

»Hast du es denn auch gesehen, daß ein fremder Junge den N erschlug?«

»Nein, das habe ich nicht gesehen.«

»Na also!« atmet der Staatsanwalt erleichtert auf und lehnt sich befriedigt zurück.

»Er sah nur, daß ich den Stein erhob und dem N nachlief«, sagte Eva.

»Also warst du es, die ihn erschlug«, konstatiert der Verteidiger.

Aber das Mädchen bleibt ruhig.

»Ich war es nicht.«

Sie lächelt sogar.

»Wir kommen noch darauf zurück«, meint der Präsident. »Ich möchte jetzt nur hören, warum ihr das bis heute verschwiegen habt, wenn ihr unschuldig seid. Nun?«

Die beiden schweigen.

Dann beginnt wieder das Mädchen.

»Der Z hat es auf sich genommen, weil er gedacht hat, daß ich den N erschlagen hätt. Er hat es mir nicht glauben wollen, daß es ein anderer tat.«

»Und wir sollen es dir glauben?«

Jetzt lächelt sie wieder.

»Ich weiß es nicht, es ist aber so –«

»Und du hättest ruhig zugeschaut, daß er unschuldig verurteilt wird?«

»Ruhig nicht, ich hab ja genug geweint, aber ich hatte so Angst vor der Besserungsanstalt – und dann, dann hab ichs doch jetzt gesagt, daß er es nicht gewesen ist.«

»Warum erst jetzt?«

»Weil der Herr Lehrer auch die Wahrheit gesagt hat.«

»Sonderbar!« grinst der Staatsanwalt.

»Und wenn der Herr Lehrer nicht die Wahrheit gesagt hätte?« erkundigt sich der Präsident.

»Dann hätte auch ich geschwiegen.«

»Ich denke«, meint der Verteidiger sarkastisch, »du liebst den Z. Die wahre Liebe ist das allerdings nicht.«

Man lächelt.

Eva blickt den Verteidiger groß an.

»Nein«, sagt sie leise, »ich liebe ihn nicht.«

Der Z schnellt empor.

»Ich hab ihn auch nie geliebt«, sagt sie etwas lauter und senkt den Kopf.

Der Z setzt sich langsam wieder und betrachtet seine rechte Hand.

Er wollte sie beschützen, aber sie liebt ihn nicht.

Er wollte sich für sie verurteilen lassen, aber sie liebte ihn nie.

Es war nur so –

An was denkt jetzt der Z?

Denkt er an seine ehemalige Zukunft?

An den Erfinder, den Postflieger?

Es war alles nur so –

Bald wird er Eva hassen.

»Nun«, fährt der Präsident fort, Eva zu verhören, »du hast
also den N mit diesem Steine hier verfolgt?«

»Ja.«

»Und du wolltest ihn erschlagen?«

»Aber ich tat es nicht!«

»Sondern?«

»Ich habs ja schon gesagt, es kam ein fremder Junge, der
stieß mich zu Boden und lief mit dem Stein dem N nach.«

»Wie sah denn dieser fremde Junge aus?«

»Es ging alles so rasch, ich weiß es nicht –«

»Ach, der große Unbekannte!« spöttelt der Staatsanwalt.

»Würdest du ihn wiedererkennen?« läßt der Präsident nicht
locker.

»Vielleicht. Ich erinner mich nur, er hatte helle, runde Augen.
Wie ein Fisch.«

Das Wort versetzt mir einen Hieb.

Ich springe auf und schreie: »Ein Fisch?!«

»Was ist Ihnen?« fragt der Präsident und wundert sich.

Alles staunt.

Ja, was ist mir denn nur?

Ich denke an einen illuminierten Totenkopf.

Es kommen kalte Zeiten, höre ich Julius Caesar, das Zeitalter
der Fische. Da wird die Seele des Menschen unbeweglich wie
das Antlitz eines Fisches.

Zwei helle, runde Augen sehen mich an. Ohne Schimmer,
ohne Glanz.

Es ist der T. Er steht an dem offenen Grabe.

Er steht auch im Zeltlager und lächelt leise, überlegen spöttisch.

Hat er es schon gewußt, daß ich das Kästchen erbrochen
hab?

Hat auch er das Tagebuch gekannt?

Ist er dem Z nachgeschlichen und dem N?

Er lächelt seltsam starr.

Ich rühre mich nicht.

Und wieder fragt der Präsident: »Was ist Ihnen?«

Soll ich es sagen, daß ich an den T denke?

Unsinn!

Warum sollte denn der T den N erschlagen haben?

Es fehlt doch jedes Motiv –

Und ich sage: »Verzeihung, Herr Präsident, aber ich bin etwas nervös.«

»Begreiflich!« grinst der Staatsanwalt.

Ich verlasse den Saal.

Ich weiß, sie werden den Z freisprechen und das Mädel verurteilen. Aber ich weiß auch, es wird sich alles ordnen.

Morgen oder übermorgen wird die Untersuchung gegen mich eingeleitet werden. Wegen Irreführung der Behörde und Diebstahlsbegünstigung.

Man wird mich vom Lehramt suspendieren.

Ich verliere mein Brot.

Aber es schmerzt mich nicht.

Was werd ich fressen?

Komisch, ich hab keine Sorgen.

Die Bar fällt mir ein, in der ich Julius Caesar traf.

Sie ist nicht teuer.

Aber ich besaufe mich nicht.

Ich geh heim und leg mich nieder.

Ich hab keine Angst mehr vor meinem Zimmer.

Wohnt er jetzt auch bei mir?

Er beißt nicht an

Richtig, im Morgenblatt steht es bereits!

Der Z wurde nur wegen Irreführung der Behörden und Diebstahlsbegünstigung unter Zubilligung mildernder Umstände zu einer kleinen Freiheitsstrafe verurteilt, aber gegen das Mädchen wurde vom Staatsanwalt die Anklage wegen Verbrechens des meuchlerischen Mordes erhoben.

Der neue Prozeß dürfte in drei Monaten stattfinden.

Das verkommene Geschöpf hat zwar hartnäckig ihre Unschuld beteuert, schreibt der Gerichtssaalberichterstatter, aber es war wohl niemand zugegen, der ihrem Geschrei irgendwelchen Glauben geschenkt hat. Wer einmal lügt, lügt bekanntlich auch zweimal! Selbst der Angeklagte Z reichte ihr am Ende der Verhandlung nicht mehr die Hand, als sie sich von der Gefängnisbeamtin losriß, zu ihm hinstürzte und ihn um Verzeihung bat, daß sie ihn nie geliebt hätte!

Aha, er haßt sie bereits!

Jetzt ist sie ganz allein.

Ob sie noch immer schreit?

Schrei nicht, ich glaube dir –

Warte nur, ich werde den Fisch fangen.

Aber wie?

Ich muß mit ihm sprechen, und zwar so bald wie möglich!

Mit der Morgenpost erhielt ich bereits ein Schreiben von der Aufsichtsbehörde: ich darf das Gymnasium nicht mehr betreten, solange die Untersuchung gegen mich läuft.

Ich weiß, ich werde es nie mehr betreten dürfen, denn man wird mich glatt verurteilen. Und zwar ohne Zubilligung mildernder Umstände.

Aber das geht mich jetzt nichts an!

Denn ich muß einen Fisch fangen, damit ich sie nicht mehr schreien höre.

Meine Hausfrau bringt das Frühstück und benimmt sich scheu. Sie hat meine Zeugenaussage in der Zeitung gelesen, und der Wald rauscht. Die Mitarbeiter schreiben: »Der Lehrer als Diebshelfer« – und einer schreib sogar, ich wäre ein geistiger Mörder.

Keiner nimmt meine Partei.

Gute Zeiten für den Herrn Bäckermeister N, falls ihn heut nacht nicht der Teufel geholt hat! –

Mittags stehe ich in der Nähe des Gymnasiums, das ich nicht mehr betreten darf, und warte auf Schulschluß.

Endlich verlassen die Schüler das Haus.

Auch einige Kollegen.

Sie können mich nicht sehen.

Und jetzt kommt der T.

Er ist allein und biegt nach rechts ab.

Ich gehe ihm langsam entgegen.

Er erblickt mich und stutzt.

Dann grüßt er und lächelt.

»Gut, daß ich dich treffe«, spreche ich ihn an, »denn ich hätte verschiedenes mit dir zu besprechen.«

»Bitte«, verbeugt er sich höflich.

»Doch hier auf der Straße ist zuviel Lärm, komm, gehen wir in eine Konditorei, ich lade dich ein auf ein Eis!«

Wir sitzen in der Konditorei.

Der Fisch bestellt sich Erdbeer und Zitrone.

Er löffelt das Eis.

Selbst wenn er frißt, lächelt er, stelle ich fest.

Und plötzlich überfalle ich ihn mit dem Satz: »Ich muß mit dir über den Mordprozeß sprechen.«

Er löffelt ruhig weiter.

»Schmeckts?«

»Ja.«

Wir schweigen.

»Sag mal«, beginne ich wieder, »glaubst du, daß das Mädel den N erschlagen hat?«

»Ja.«

»Du glaubst es also nicht, daß es ein fremder Junge tat?«

»Nein. Das hat sie nur erfunden, um sich herauszulügen.«

Wir schweigen wieder.

Plötzlich löffelt er nicht mehr weiter und sieht mich mißtrauisch an: »Was wollen Sie eigentlich von mir, Herr Lehrer?«

»Ich dachte«, sagte ich langsam und blicke in seine runden Augen, »daß du es vielleicht ahnen wirst, wer jener fremde Junge war.«

»Wieso?«

Ich wage es und lüge: »Weil ich es weiß, daß du immer spionierst.«

»Ja«, sagt er ruhig, »ich habe verschiedenes beobachtet.«

Jetzt lächelt er wieder.

Wußte er es, daß ich das Kästchen erbrochen hab?

Und ich frage: »Hast du das Tagebuch gelesen?«

Er fixiert mich: »Nein. Aber ich habe Sie, Herr Lehrer, beobachtet, wie Sie sich fortgeschlichen haben und dem Z und dem Mädel zugeschaut haben —«

Es wird mir kalt.

Er beobachtet mich.

»Sie haben mir damals ins Gesicht gelangt, denn ich stand hinter Ihnen. Sie sind furchtbar erschrocken, aber ich hab keine Angst, Herr Lehrer.«

Er löffelt wieder ruhig sein Eis.

Und es fällt mir plötzlich auf, daß er sich an meiner Verwirrung gar nicht weidet. Er wirft nur manchmal einen lauernden Blick auf mich, als würde er etwas registrieren.

Komisch, ich muß an einen Jäger denken.

An einen Jäger, der kühl zielt und erst dann schießt, wenn er sicher trifft.

Der keine Lust dabei empfindet.

Aber warum jagt er denn dann?

Warum, warum?

»Hast du dich eigentlich mit dem N vertragen?«

»Ja, wir standen sehr gut.«

Wie gerne möchte ich ihn nun fragen: und warum hast du ihn denn dann erschlagen? Warum, warum?!

»Sie fragen mich, Herr Lehrer«, sagt er plötzlich, »als hätte ich den N erschlagen. Als wär ich der fremde Junge, wo Sie doch wissen, daß niemand weiß, wie der aussah, wenn es ihn überhaupt gegeben hat. Selbst das Mädel weiß ja nur, daß er Fischaugen gehabt hat —«

Und du? denke ich.

»— und ich hab doch keine Fischaugen, sondern ich hab helle Rehaugen, meine Mama sagts auch und überhaupt alle. Warum lächeln Sie, Herr Lehrer? Viel eher wie ich haben Sie Fischaugen —«

»Ich?!«

»Wissen Sie denn nicht, Herr Lehrer, was Sie in der Schule für einen Spitznamen haben? Haben Sie ihn nie gehört? Sie heißen der Fisch.«

Er nickt mir lächelnd zu.

»Ja, Herr Lehrer, weil Sie nämlich immer so ein unbewegliches Gesicht haben. Man weiß nie, was Sie denken und ob Sie sich überhaupt um einen kümmern. Wir sagen immer, der Herr Lehrer beobachtet nur, da könnt zum Beispiel jemand auf der Straße überfahren worden sein, er würde nur beobachten, wie der Überfahrene daliegt, nur damit ers genau weiß, und er tät nichts dabei empfinden, auch wenn der draufging —«

Er stockt plötzlich, als hätte er sich verplappert, und wirft einen erschrockenen Blick auf mich, aber nur den Bruchteil einer Sekunde lang.

Warum?

Aha, du hast den Haken schon im Maul gehabt, hast es dir aber wieder überlegt.

Du wolltest schon anbeißen, da merktest du die Schnur.

Jetzt schwimmst du in dein Meer zurück.

Du hängst noch nicht, aber du hast dich verraten.

Warte nur, ich fange dich!

Er erhebt sich: »Ich muß jetzt heim, das Essen wartet, und wenn ich zu spät komm, krieg ich einen Krach.«

Er bedankt sich für das Eis und geht.

Ich sehe ihm nach und höre das Mädchen schreien.

Fahnen

Als ich am nächsten Tage erwache, wußte ich, daß ich viel geträumt hatte. Ich wußte nur nicht mehr, was.

Es war ein Feiertag.

Man feierte den Geburtstag des Oberplebejers.

Die Stadt hing voller Fahnen und Transparente.

Durch die Straßen marschierten die Mädchen, die den verschollenen Flieger suchen, die Jungen, die alle Neger sterben lassen, und die Eltern, die die Lügen glauben, die auf den Transparenten stehen. Und die sie nicht glauben, marschieren ebenfalls mit. Divisionen der Charakterlosen unter dem Kommando von Idioten. Im gleichen Schritt und Tritt.

Sie singen von einem Vögelchen, das auf einem Heldengrabe zwitschert, von einem Soldaten, der im Gas erstickt, von den schwarzbraunen Mädchen, die den zu Hause gebliebenen Dreck fressen, und von einem Feinde, den es eigentlich gar nicht gibt.

So preisen die Schwachsinnigen und Lügner den Tag, an dem der Oberplebejer geboren ward.

Und wie ich so denke, konstatiere ich mit einer gewissen Befriedigung, daß auch aus meinem Fenster ein Fähnchen flattert.

Ich hab es bereits gestern abend hinausgehängt.

Wer mit Verbrechern und Narren zu tun hat, muß verbrecherisch und närrisch handeln, sonst hört er auf. Mit Haut und Haar.

Er muß sein Heim beflaggen, auch wenn er kein Heim mehr hat.

Wenn kein Charakter mehr geduldet wird, sondern nur der Gehorsam, geht die Wahrheit, und die Lüge kommt.

Die Lüge, die Mutter aller Sünden.

Fahnen heraus!

Lieber Brot als tot! –

So dachte ich, als es mir plötzlich einfiel: was denkst du da? Hast du es denn vergessen, daß du vom Lehramt suspendiert bist? Du hast doch keinen Meineid geschworen und hast es gesagt, daß du das Kästchen erbrochen hast. Häng nur deine Fahne hinaus, huldige dem Oberplebejer, krieche im Staub vor dem Dreck und lüge, was du kannst – es bleibt dabei! Du hast dein Brot verloren!

Vergiß es nicht, daß du mit einem höheren Herrn gesprochen hast!

Du lebst noch im selben Haus, aber in einem höheren Stock.

Auf einer anderen Ebene, in einer anderen Wohnung.

Merkst du es denn nicht, daß dein Zimmer kleiner geworden ist? Auch die Möbel, der Schrank, der Spiegel –

Du kannst dich noch sehen im Spiegel, er ist immer noch groß genug – gewiß, gewiß! Du bist auch nur ein Mensch, der möchte, daß seine Krawatte richtig sitzt.

Doch sieh mal zum Fenster hinaus!

Wie entfernt ist alles geworden! Wie winzig sind plötzlich die großen Gebieter und wie arm die reichen Plebejer! Wie lächerlich!

Wie verwaschen die Fahnen!

Kannst du die Transparente noch lesen?

Nein.

Hörst du noch das Radio?

Kaum.

Das Mädchen müßte gar nicht so schreien, damit sie es übertönt.

Sie schreit auch nicht mehr.

Sie weint nur leise.

Aber sie übertönt alles.

Einer von fünf

Ich putz mir gerade die Zähne, als meine Hausfrau erscheint.

»Es ist ein Schüler draußen, der Sie sprechen möcht.«

»Einen Moment!«

Die Hausfrau geht und ich ziehe meinen Morgenrock an.

Ein Schüler? Was will er?

Ich muß an den T denken.

Den Morgenrock hab ich zu Weihnachten bekommen. Von meinen Eltern. Sie sagten schon immer: »Du kannst doch nicht ohne Morgenrock leben!«

Er ist grün und lila.

Meine Eltern haben keinen Farbensinn.

Es klopft.

»Herein!«

Der Schüler tritt ein und verbeugt sich.

Ich erkenne ihn nicht sogleich – richtig, das ist der eine B!

Ich hatte fünf B's in der Klasse, aber dieser B fiel mir am wenigsten auf. Was will er? Wie kommt es, daß er draußen nicht mitmarschiert?

»Herr Lehrer«, beginnt er, »ich hab es mir lange überlegt, ob es vielleicht wichtig ist – ich glaube, ich muß es sagen.«

»Was?«

»Es hat mir keine Ruh gelassen, die Sache mit dem Kompaß.«

»Kompaß?«

»Ja, ich hab es nämlich in der Zeitung gelesen, daß bei dem toten N ein Kompaß gefunden worden ist, von dem niemand weiß, wem er gehört –«

»Na und?«

»Ich weiß, wer den Kompaß verloren hat.«

»Wer?«

»Der T.«

Der T?! durchzuckt es mich.

Schwimmst du wieder heran?

Tauchst dein Kopf aus den finsteren Wassern auf – siehst du das Netz?

Er schwimmt, er schwimmt – –

»Woher weißt du es, daß der Kompaß dem T gehört?« frage ich den B und befleißige mich, gleichgültig zu scheinen.

»Weil er ihn überall gesucht hat, wir schliefen nämlich im selben Zelt.«

»Du willst doch nicht sagen, daß der T mit dem Mord irgendwas zu tun hat?«

Er schweigt und blickt in die Ecke.

Ja, er will es sagen.

»Du traust das dem T zu?«

Er sieht mich groß an, fast erstaunt. »Ich traue jedem alles zu.«

»Aber doch nicht einen Mord!«

»Warum nicht?«

Er lächelt – nein, nicht spöttisch. Eher traurig.

»Aber warum hätte denn der T den N ermorden sollen, warum? Es fehlt doch jedes Motiv!«

»Der T sagte immer, der N sei sehr dumm.«

»Aber das wär doch noch kein Grund!«

»Das noch nicht. Aber wissen Sie, Herr Lehrer, der T ist entsetzlich wißbegierig, immer möcht er alles genau wissen, wie es wirklich ist, und er hat mir mal gesagt, er möcht es gern sehen, wie einer stirbt.«

»Was?!«

»Ja, er möcht es sehen, wie das vor sich geht – er hat auch immer davon phantasiert, daß er mal zuschauen möcht, wenn ein Kind auf die Welt kommt.«

Ich trete ans Fenster, ich kann momentan nichts reden.

Draußen marschieren sie noch immer, die Eltern und die Kinder.

Und es fällt mir plötzlich wieder auf, wieso dieser B hier bei mir ist.

»Warum marschierst du eigentlich nicht mit?« frage ich ihn. »Das ist doch deine Pflicht!«

Er grinst. »Ich habe mich krank gemeldet.«

Unsere Blicke treffen sich. Verstehen wir uns?

»Ich verrate dich nicht«, sage ich.

»Das weiß ich«, sagt er.

Was weißt du? denke ich.

»Ich mag nicht mehr marschieren und das Herumkommandiertwerden kann ich auch nicht mehr ausstehen, da schreit dich ein jeder an, nur weil er zwei Jahre älter ist! Und dann die faden Ansprachen, immer dasselbe, lauter Blödsinn!«

Ich muß lächeln.

»Hoffentlich bist du der einzige in der Klasse, der so denkt!«

»Oh nein! Wir sind schon zu viert!«

Zu viert? Schon?

Und seit wann?

»Erinnern Sie sich, Herr Lehrer, wie Sie damals die Sache über die Neger gesagt haben, noch im Frühjahr vor unserem Zeltlager? Damals haben wir doch alle unterschrieben, daß wir Sie nicht mehr haben wollen – aber ich tats nur unter Druck, denn Sie haben natürlich sehr recht gehabt mit den Negern. Und dann allmählich fand ich noch drei, die auch so dachten.«

»Wer sind denn die drei?«

»Das darf ich nicht sagen. Das verbieten mir unsere Satzungen.«

»Satzungen?«

»Ja, wir haben nämlich einen Klub gegründet. Jetzt sind noch zwei dazugekommen, aber das sind keine Schüler. Der eine ist ein Bäckerlehrling und der andere ein Laufbursch.«

»Einen Klub?«

»Wir kommen wöchentlich zusammen und lesen alles, was verboten ist.«

»Aha!«

Wie sagte Julius Caesar?

Sie lesen heimlich alles, aber nur, um es verspotten zu können.

Ihr Ideal ist der Hohn, es kommen kalte Zeiten.

Und ich frage den B:

»Und dann sitzt ihr beieinander in euerem Klub und spöttelt über alles, was?«

»Oho! Spötteln ist bei uns streng verboten nach Paragraph drei! Es gibt schon solche, die immer nur alles verhöhnen, zum Beispiel der T, aber wir sind nicht so, wir kommen zusammen und besprechen dann alles, was wir gelesen haben.«

»Und?«

»Und dann reden wir halt, wie es sein sollte auf der Welt.«

Ich horche auf.

Wie es sein sollte?

Ich sehe den B an, und es fällt mir der Z ein.

Er sagt zum Präsidenten: »Der Herr Lehrer sagt immer nur, wie es auf der Welt sein sollte, und nie, wie es wirklich ist.«
Und ich sehe den T.
Was sagte Eva in der Verhandlung?
»Der N fiel hin. Der fremde Junge beugte sich über den N und betrachtete ihn. Dann schleifte er ihn in den Graben.«
Und was sagte vorhin der B?
»Der T möchte immer nur wissen, wie es wirklich ist.«
Warum?
Nur um alles verhöhnen zu können?
Ja, es kommen kalte Zeiten. –
»Ihnen, Herr Lehrer«, höre ich wieder die Stimme des B, »kann man ja ruhig alles sagen. Drum komme ich jetzt auch mit meinem Verdacht zu Ihnen, um es mit Ihnen zu beraten, was man tun soll.«
»Warum gerade mit mir?«
»Wir haben es gestern im Klub alle gesagt, als wir Ihre Zeugenaussage mit dem Kästchen in der Zeitung gelesen haben, daß Sie der einzige Erwachsene sind, den wir kennen, der die Wahrheit liebt.«

Der Klub greift ein

Heute gehe ich mit dem B zum zuständigen Untersuchungsrichter. Gestern war nämlich sein Büro wegen des Staatsfeiertages geschlossen.
Ich erzähle dem Untersuchungsrichter, daß es der B möglicherweise wüßte, wem jener verlorene Kompaß gehört – doch er unterbricht mich höflich, die Sache mit dem Kompaß hätte sich bereits geklärt. Es wäre einwandfrei festgestellt worden, daß der Kompaß dem Bürgermeister des Dorfes, in dessen Nähe wir unser Zeltlager hatten, gestohlen worden war. Wahrscheinlich hätte ihn das Mädchen verloren, und wenn nicht sie, dann eben einer von ihrer Bande, vielleicht auch schon bei einer früheren Gelegenheit, als er mal an dem

damals noch zukünftigen Tatort zufällig vorbeigegangen wäre, denn der Tatort wäre ja in der Nähe der Räuberhöhle gelegen. Der Kompaß spiele keine Rolle mehr.

Wir verabschieden uns also wieder und der B schneidet ein enttäuschtes Gesicht.

Er spielt keine Rolle mehr? denke ich. Hm, ohne diesen Kompaß wäre doch dieser B niemals zu mir gekommen.

Es fällt mir auf, daß ich anders denke als früher.

Ich erwarte überall Zusammenhänge.

Alles spielt keine Rolle.

Ich fühle ein unbegreifliches Gesetz. –

Auf der Treppe begegnen wir dem Verteidiger.

Er begrüßt mich lebhaft.

»Ich wollte Ihnen bereits schriftlich danken«, sagt er, »denn nur durch Ihre schonungslose und unerschrockene Aussage wurde es mir möglich gemacht, diese Tragödie zu klären!«

Er erwähnt noch kurz, daß der Z von seiner Verliebtheit bereits radikal kuriert sei und daß das Mädchen hysterische Krämpfe bekommen hätte und nun im Gefängnisspital liege.

»Armer Wurm!« fügt er noch rasch hinzu und eilt davon, um neue Tragödien zu klären.

Ich sehe ihm nach.

»Das Mädel tut mir leid«, höre ich plötzlich die Stimme des B.

»Mir auch.«

Wir steigen die Treppen hinab.

»Man müßte ihr helfen«, sagt der B.

»Ja«, sage ich und denke an ihre Augen.

Und an die stillen Seen in den Wäldern meiner Heimat.

Sie liegt im Spital.

Und auch jetzt ziehen die Wolken über sie hin, die Wolken mit den silbernen Rändern.

Nickte sie mir nicht zu, bevor sie die Wahrheit sprach?

Und was sagte der T? Sie ist die Mörderin, sie will sich nur herauslügen –

Ich hasse den T.

Plötzlich halte ich.

»Ist es wahr«, frage ich den B, »daß ich bei euch den Spitznamen hab: der Fisch?«

»Aber nein! Das sagt nur der T – Sie haben einen ganz
anderen!«

»Welchen?«

»Sie heißen: der Neger.«

Er lacht und ich lach mit.

Wir steigen weiter hinab.

Auf einmal wird er wieder ernst.

»Herr Lehrer«, sagt er, »glauben Sie nicht auch, daß es der
T war, auch wenn ihm der verlorene Kompaß nicht gehört?«

Ich halte wieder.

Was soll ich sagen?

Soll ich sagen: möglich, vielleicht –?

Und ich sage:

»Ja. Ich glaube auch, daß er es war.«

Die Augen des B leuchten.

»Er war es auch«, ruft er begeistert, »und wir werden ihn
fangen!«

»Hoffentlich!«

»Ich werde im Klub einen Beschluß durchdrücken, daß der
Klub dem Mädel helfen soll! Nach Paragraph sieben sind wir .
ja nicht nur dazu da, um Bücher zu lesen, sondern auch, um
danach zu leben.«

Und ich frage ihn: »Was ist denn euer Leitsatz?«

»Für Wahrheit und Gerechtigkeit!«

Er ist ganz außer sich vor Tatendrang.

Der Klub wird den T beobachten, auf Schritt und Tritt, Tag
und Nacht, und wird mir jeden Tag Bericht erstatten.

»Schön«, sage ich und muß lächeln.

Auch in meiner Kindheit spielten wir Indianer.

Aber jetzt ist der Urwald anders. Jetzt ist er wirklich da.

Zwei Briefe

Am nächsten Morgen bekomme ich einen entsetzten Brief von meinen Eltern. Sie sind ganz außer sich, daß ich meinen Beruf verlor. Ob ich denn nicht an sie gedacht hätte, als ich ganz überflüssig die Sache mit dem Kästchen erzählte, und warum ich sie denn überhaupt erzählt hätte?!

Ja, ich habe an euch gedacht. Auch an euch.

Beruhigt euch nur, wir werden schon nicht verhungern!

»Wir haben die ganze Nacht nicht geschlafen«, schreibt meine Mutter, »und haben über Dich nachgedacht.«

So?

»Mit was haben wir das verdient?« fragt mein Vater.

Er ist ein pensionierter Werkmeister, und ich muß jetzt an Gott denken.

Ich glaube, er wohnt noch immer nicht bei ihnen, obwohl sie jeden Sonntag in die Kirche gehen.

Ich setze mich und schreibe meinen Eltern.

»Liebe Eltern! Macht Euch keine Sorgen, Gott wird schon helfen« –

Ich stocke. Warum?

Sie wußten es, daß ich nicht an ihn glaubte, und jetzt werden sie denken: schau, jetzt schreibt er von Gott, weil es ihm schlecht geht!

Aber das soll niemand denken!

Nein, ich schäme mich –

Ich zerreiße den Brief.

Ja, ich bin noch stolz!

Und den ganzen Tag über will ich meinen Eltern schreiben.

Aber ich tu es nicht.

Immer wieder fange ich an, aber ich bringe es nicht über das Herz, das Wort Gott niederzuschreiben.

Der Abend kommt, und ich bekomme plötzlich wieder Angst vor meiner Wohnung.

Sie ist so leer.

Ich gehe fort.

Ins Kino?

Nein.

Ich gehe in die Bar, die nicht teuer ist.

Dort treffe ich Julius Caesar, es ist sein Stammlokal.

Er freut sich ehrlich, mich zu sehen.

»Es war anständig von Ihnen, das mit dem Kästchen zu sagen, hochanständig! Ich hätts nicht gesagt! Respekt, Respekt!«

Wir trinken und sprechen über den Prozeß.

Ich erzähle vom Fisch –

Er hört mir aufmerksam zu.

»Natürlich ist der Fisch derjenige«, meint er. Und dann lächelt er: »Wenn ich Ihnen behilflich sein kann, ihn zu fangen, stehe ich Ihnen gerne zur Verfügung, denn auch ich habe meine Verbindungen –«

Ja, die hat er allerdings.

Immer wieder wird unser Gespräch gestört. Ich sehe, daß Julius Caesar ehrfürchtig gegrüßt wird, viele kommen zu ihm und holen sich Rat, denn er ist ein wissender und weiser Mann.

Es ist alles Unkraut.

Ave Caesar, morituri te salutant!

Und in mir erwacht plötzlich die Sehnsucht nach der Verkommenheit. Wie gerne möchte ich auch einen Totenkopf als Krawattennadel haben, den man illuminieren kann!

»Passen Sie auf Ihren Brief auf!« ruft mir Caesar zu. »Er fällt Ihnen aus der Tasche!«

Ach so, der Brief!

Caesar erklärt gerade einem Fräulein die neuen Paragraphen des Gesetzes für öffentliche Sittlichkeit. Ich denke an Eva.

Wie wird sie aussehen, wenn sie so alt sein wird wie dieses Fräulein?

Wer kann ihr helfen?

Ich setze mich an einen anderen Tisch und schreibe meinen Eltern.

»Macht Euch keine Sorgen, Gott wird schon helfen!«

Und ich zerreiße den Brief nicht wieder.

Oder schrieb ich ihn nur, weil ich getrunken habe?
Egal!

Herbst

Am nächsten Tag überreicht mir meine Hausfrau ein Kuvert,
ein Laufbursche hätte es abgegeben.
Es ist ein blaues Kuvert, ich erbreche es und muß lächeln.
Die Überschrift lautet:
»Erster Bericht des Klubs.«
Und dann steht da:
»Nichts Besonderes vermerkt.«
Jaja, der brave Klub! Er kämpft für Wahrheit und Gerech-
tigkeit, kann aber nichts Besonderes vermerken!
Auch ich vermerke nichts.
Was soll man nur tun, damit sie nicht verurteilt wird?
Immer denke ich an sie –
Liebe ich denn das Mädel?
Ich weiß es nicht.
Ich weiß nur, daß ich ihr helfen möchte –
Ich hatte viele Weiber, denn ich bin kein Heiliger, und die
Weiber sind auch keine Heiligen.
Aber nun liebe ich anders.
Bin ich denn nicht mehr jung?
Ist es das Alter?
Unsinn! Es ist doch noch Sommer.
Und ich bekomme jeden Tag ein blaues Kuvert: zweiter,
dritter, vierter, fünfter Bericht des Klubs.
Es wird nichts Besonderes vermerkt.
Und die Tage vergehen –
Die Äpfel sind schon reif, und nachts kommen die Nebel.
Das Vieh kehrt heim, das Feld ist kahl –
Ja, es ist noch Sommer, aber man wartet schon auf den
Schnee.
Ich möchte ihr helfen, damit sie nicht friert.
Ich möchte ihr einen Mantel kaufen, Schuhe und Wäsche.

Sie braucht es nicht vor mir auszuziehen –
Ich möchte nur wissen, ob der Schnee kommen kann.
Noch ist alles grün.
Aber sie muß nicht bei mir sein.
Wenns ihr nur gut geht.

Besuch

Heute vormittag bekam ich Besuch. Ich habe ihn nicht sogleich wiedererkannt, es war der Pfarrer, mit dem ich mich
mal über die Ideale der Menschheit unterhalten hatte.
Er trat ein und trug Zivil, dunkelgraue Hosen und einen
blauen Rock. Ich stutzte. Ist er weggelaufen?
»Sie wundern sich«, lächelt er, »daß ich Zivil trage, aber das
trage ich meistens, denn ich stehe zu einer besonderen Verfügung – kurz und gut: meine Strafzeit ist vorbei, doch
reden wir mal von Ihnen! Ich habe Ihre tapfere Aussage in
den Zeitungen gelesen und wäre schon früher erschienen, aber
ich mußte mir erst Ihre Adresse beschaffen. Übrigens: Sie
haben sich stark verändert, ich weiß nicht wieso, aber irgend
etwas ist anders geworden an Ihnen. Richtig, Sie sehen viel
heiterer aus!«
»Heiterer?«
»Ja. Sie dürfen auch froh sein, daß Sie das mit dem Kästchen
gesagt haben, auch wenn Sie jetzt die halbe Welt verleumdet.
Ich habe oft an Sie gedacht, obwohl oder weil Sie mir damals
sagten, Sie glaubten nicht an Gott. Inzwischen werden Sie ja
wohl angefangen haben, etwas anders über Gott zu denken –«
Was will er? denke ich und betrachte ihn mißtrauisch.
»Ich hätte Ihnen etwas Wichtiges mitzuteilen, aber zunächst
beantworten Sie mir, bitte, zwei Fragen. Also erstens: Sie
sind sich wohl im klaren darüber, daß Sie, selbst wenn die
Staatsanwaltschaft das Verfahren gegen Sie niederschlagen
sollte, nie wieder an irgendeiner Schule dieses Landes unterrichten werden?«

»Ja, darüber war ich mir schon im klaren, bevor ich die Aussage machte.«

»Das freut mich! Und nun zweitens: wovon wollen Sie jetzt leben? Ich nehme an, daß Sie keine Sägewerksaktien besitzen, da Sie sich ja damals so heftig für die Heimarbeiter einsetzten, für die Kinder in den Fenstern – erinnern Sie sich?«

Ach, die Kinder in den Fenstern! Die hatte ich ja ganz vergessen!

Und das Sägewerk, das nicht mehr sägt –

Wie weit liegt das alles zurück!

Und ich sage: »Ich habe nichts. Und ich muß auch meine Eltern unterstützen.«

Er sieht mich groß an und sagt dann nach einer kleinen Pause: »Ich hätte eine Stellung für Sie.«

»Was?! Eine Stellung?!«

»Ja, aber in einem anderen Land.«

»Wo?«

»In Afrika.«

»Bei den Negern?« Es fällt mir ein, daß ich »der Neger« heiße, und ich muß lachen.

Er bleibt ernst.

»Warum finden Sie das so komisch? Neger sind auch nur Menschen!«

Wem erzählen Sie das? möchte ich ihn fragen, aber ich sage nichts dergleichen, sondern höre es mir an, was er mir vorschlägt: ich könnte Lehrer werden, und zwar in einer Missionsschule.

»Ich soll in einen Orden eintreten?«

»Das ist nicht notwendig.«

Ich überlege. Heute glaube ich an Gott, aber ich glaube nicht daran, daß die Weißen die Neger beglücken, denn sie bringen ihnen Gott als schmutziges Geschäft.

Und ich sage es ihm.

Er bleibt ganz ruhig.

»Das hängt lediglich von Ihnen ab, ob Sie Ihre Sendung mißbrauchen, um schmutzige Geschäfte machen zu können.«

Ich horche auf.

Sendung?

»Jeder Mensch hat eine Sendung«, sagt er.

Richtig!

Ich muß einen Fisch fangen.

Und ich sage dem Pfarrer, ich werde nach Afrika fahren, aber nur dann, wenn ich das Mädchen befreit haben werde.

Er hört mir aufmerksam zu.

Dann sagt er:

»Wenn Sie glauben zu wissen, daß der fremde Junge es tat, dann müssen Sie es seiner Mutter sagen. Die Mutter muß alles hören. Gehen Sie gleich zu ihr hin« – –

Die Endstation

Ich fahre zur Mutter des T.

Der Pedell im Gymnasium gab mir die Adresse. Er verhielt sich sehr reserviert, denn ich hätte ja das Haus nicht betreten dürfen.

Ich werde es nie mehr betreten, ich fahre nach Afrika.

Jetzt sitze ich in der Straßenbahn.

Ich muß bis zur Endstation.

Die schönen Häuser hören allmählich auf und dann kommen die häßlichen. Wir fahren durch arme Straßen und erreichen das vornehme Villenviertel.

»Endstation!« ruft der Schaffner. »Alles aussteigen!«

Ich bin der einzige Fahrgast.

Die Luft ist hier bedeutend besser als dort, wo ich wohne.

Wo ist Nummer dreiundzwanzig?

Die Gärten sind gepflegt. Hier gibts keine Gartenzwerge.

Kein ruhendes Reh und keinen Pilz.

Endlich hab ich dreiundzwanzig.

Das Tor ist hoch, und das Haus ist nicht zu sehen, denn der Park ist groß.

Ich läute und warte.

Der Pförtner erscheint, ein alter Mann. Er öffnet das Gitter nicht.

»Sie wünschen?«

»Ich möchte Frau T sprechen.«

»In welcher Angelegenheit?«

»Ich bin der Lehrer ihres Sohnes.«

Er öffnet das Gitter.

Wir gehen durch den Park.

Hinter einer schwarzen Tanne erblicke ich das Haus.

Fast ein Palast.

Ein Diener erwartet uns bereits und der Pförtner übergibt mich dem Diener: »Der Herr möchte die gnädige Frau sprechen, er ist der Lehrer des jungen Herrn.«

Der Diener verbeugt sich leicht.

»Das dürfte leider seine Schwierigkeiten haben«, meint er höflich, »denn gnädige Frau haben soeben Besuch.«

»Ich muß sie aber dringend sprechen in einer sehr wichtigen Angelegenheit!«

»Könnten Sie sich nicht für morgen anmelden?«

»Nein. Es dreht sich um ihren Sohn.«

Er lächelt und macht eine winzige wegwerfende Geste.

»Auch für ihren Sohn haben gnädige Frau häufig keine Zeit. Auch der junge Herr muß sich meist anmelden lassen.«

»Hören Sie«, sage ich und schaue ihn böse an, »melden Sie mich sofort oder Sie tragen die Verantwortung!«

Er starrt mich einen Augenblick entgeistert an, dann verbeugt er sich wieder leicht: »Gut, versuchen wir es mal. Darf ich bitten! Verzeihung, daß ich vorausgehe!«

Ich betrete das Haus.

Wir gehen durch einen herrlichen Raum und dann eine Treppe empor in den ersten Stock.

Eine Dame kommt die Treppen herab, der Diener grüßt, und sie lächelt ihn an.

Und auch mich.

Die kenne ich doch? Wer ist denn das?

Wir steigen weiter empor.

»Das war die Filmschauspielerin X«, flüstert mir der Diener zu.

Ach ja, richtig!

Die hab ich erst unlängst gesehen. Als Fabrikarbeiterin, die den Fabrikdirektor heiratet.

Sie ist die Freundin des Oberplebejers.

Dichtung und Wahrheit!

»Sie ist eine göttliche Künstlerin«, stellt der Diener fest, und nun erreichen wir den ersten Stock.

Eine Tür ist offen, und ich höre Frauen lachen. Sie müssen im dritten Zimmer sitzen, denke ich. Sie trinken Tee.

Der Diener führt mich links in einen kleinen Salon und bittet, Platz zu nehmen, er würde alles versuchen, bei der ersten passenden Gelegenheit.

Dann schließt er die Türe, ich bleibe allein und warte.

Es ist noch früh am Nachmittag, aber die Tage werden kürzer.

An den Wänden hängen alte Stiche. Jupiter und Jo. Amor und Psyche. Marie Antoinette.

Es ist ein rosa Salon mit viel Gold.

Ich sitze auf einem Stuhl und sehe die Stühle um den Tisch herum stehen. Wie alt seid ihr? Bald zweihundert Jahre –

Wer saß schon alles auf euch?

Leute, die sagten: morgen sind wir bei Marie Antoinette zum Tee.

Und Leute, die sagten: morgen gehen wir zur Hinrichtung der Marie Antoinette.

Wo ist jetzt Eva?

Hoffentlich noch im Spital, dort hat sie wenigstens ein Bett.

Hoffentlich ist sie noch krank.

Ich trete ans Fenster und schaue hinaus.

Die schwarze Tanne wird immer schwärzer, denn es dämmert bereits.

Ich warte.

Endlich öffnet sich langsam die Türe.

Ich drehe mich um, denn nun kommt die Mutter des T.

Wie sieht sie aus?

Ich bin überrascht.

Es steht nicht die Mutter vor mir, sondern der T.

Er selbst.

Er grüßt höflich und sagt:

»Meine Mutter ließ mich rufen, als sie hörte, daß Sie da sind, Herr Lehrer. Sie hat leider keine Zeit.«

»So? Und wann hat sie denn Zeit?«

Er zuckt müde die Achsel: »Das weiß ich nicht. Sie hat eigentlich nie Zeit.«

Ich betrachte den Fisch.

Seine Mutter hat keine Zeit. Was hat sie denn zu tun?

Sie denkt nur an sich.

Und ich muß an den Pfarrer denken und an die Ideale der Menschheit.

Ist es wahr, daß die Reichen immer siegen?

Wird der Wein nicht zu Wasser?

Und ich sage zum T: »Wenn deine Mutter immer zu tun hat, dann kann ich vielleicht mal deinen Vater sprechen?«

»Vater? Aber der ist doch nie zu Haus! Er ist immer unterwegs, ich seh ihn kaum. Er leitet ja einen Konzern.«

Einen Konzern?

Ich sehe ein Sägewerk, das nicht mehr sägt.

Die Kinder sitzen in den Fenstern und bemalen die Puppen.

Sie sparen das Licht, denn sie haben kein Licht.

Und Gott geht durch alle Gassen.

Er sieht die Kinder und das Sägewerk.

Und er kommt.

Er steht draußen vor dem hohen Tore.

Der alte Pförtner läßt ihn nicht ein.

»Sie wünschen?«

»Ich möchte die Eltern T sprechen.«

»In welcher Angelegenheit?«

»Sie wissen es schon.«

Ja, sie wissen es schon, aber sie erwarten ihn nicht.

»Was wollen Sie eigentlich von meinen Eltern?« höre ich plötzlich die Stimme des T.

Ich blicke ihn an.

Jetzt wird er lächeln, denke ich.

Aber er lächelt nicht mehr. Er schaut nur.

Ahnt er, daß er gefangen wird?

Seine Augen haben plötzlich Glanz.

Die Schimmer des Entsetzens.

Und ich sage: »Ich wollte mit deinen Eltern über dich sprechen, aber leider haben sie keine Zeit.«

»Über mich?«

Er grinst.

Ganz leer.

Da steht der Wißbegierige wie ein Idiot.

Jetzt scheint er zu lauschen.

Was fliegt um ihn?

Was hört er?

Die Flügel der Verblödung?

Ich eile davon.

Der Köder

Zu Hause liegt wieder ein blaues Kuvert. Aha, der Klub!

Sie werden bestimmt wieder nichts vermerkt haben –

Ich öffne und lese:

»Achter Bericht des Klubs. Gestern nachmittag war der T im Kristall-Kino. Als er das Kino verließ, sprach er mit einer eleganten Dame, die er drinnen getroffen haben mußte. Er ging dann mit der Dame in die Y-Straße Nummer 67. Nach einer halben Stunde erschien er mit ihr wieder im Haustor und verabschiedete sich von ihr. Er ging nach Hause. Die Dame sah ihm nach, schnitt eine Grimasse und spuckte ostentativ aus. Es ist möglich, daß es keine Dame war. Sie war groß und blond, hatte einen dunkelgrünen Mantel und einen roten Hut. Sonst wurde nichts vermerkt.«

Ich muß grinsen.

Ach, der T wird galant; aber das interessiert mich nicht.

Warum schnitt sie eine Grimasse?

Natürlich war sie keine Dame, doch warum spuckte sie ostentativ aus?

Ich geh mal hin und frage sie.

Denn ich will jetzt jede Spur verfolgen, jede winzigste, unsinnigste –

Wenn er nicht anbeißt, wird man ihn wohl mit einem Netz fangen müssen, mit einem Netz aus feinsten Maschen, durch die er nicht schlüpfen kann.

Ich gehe in die Y-Straße 67 und frage die Hausmeisterin nach einer blonden Dame –

Sie unterbricht mich sofort: »Das Fräulein Nelly wohnt Tür siebzehn.«

In dem Hause wohnen kleine Leute, brave Bürger. Und ein Fräulein Nelly.

Ich läute an Tür siebzehn.

Eine Blondine öffnet und sagt: »Servus! Komm nur herein!«

Ich kenne sie nicht.

Im Vorzimmer hängt der dunkelgrüne Mantel, auf dem Tischchen liegt der rote Hut. Sie ist es.

Jetzt wird sie böse werden, daß ich nur wegen einer Auskunft komme. Ich verspreche ihr also ein Honorar, wenn sie mir antwortet. Sie wird nicht böse, sondern mißtrauisch. Nein, ich bin kein Polizist, versuche ich zu beruhigen, ich möchte ja nur wissen, warum sie gestern hinter dem Jungen her ausgespuckt hat?

»Zuerst das Geld«, antwortet sie.

Ich gebe es ihr.

Sie macht sichs auf dem Sofa bequem und bietet mir eine Zigarette an.

Wir rauchen.

»Ich rede nicht gern darüber«, sagt sie.

Sie schweigt noch immer.

Plötzlich legt sie los: »Warum ich ausgespuckt hab, ist bald erklärt: es war eben einfach zu ekelhaft! Widerlich!« Sie schüttelt sich.

»Wieso?«

»Stellen Sie sich vor, er hat dabei gelacht!«

»Gelacht?«

»Es ist mir ganz kalt heruntergelaufen, und dann bin ich so wild geworden, daß ich ihm eine Ohrfeige gegeben hab! Da ist er gleich vor den Spiegel gerannt und hat gesagt: es ist nicht rot! Immer hat er nur beobachtet, beobachtet! Wenns nach mir ging, würd ich ja diesen Kerl nie mehr anrühren, aber leider werde ich nochmal das Vergnügen haben müssen —«

»Nochmal? Wer zwingt Sie denn dazu?«

»Zwingen lasse ich mich nie, nicht die Nelly! Aber ich erweise damit jemand einen freiwilligen Gefallen, wenn ich mich mit dem Ekel noch einmal einlaß — ich muß sogar so tun, als wär ich in ihn verliebt!«

»Sie erweisen damit jemandem einen Gefallen?«

»Ja, weil ich eben diesem jemand auch sehr zu Dank verpflichtet bin.«

»Wer ist das?«

»Nein, das darf ich nicht sagen! Das sagt die Nelly nicht! Ein fremder Herr.«

»Aber was will denn dieser fremde Herr?«

Sie sieht mich groß an und sagt dann langsam:

»Er will einen Fisch fangen.«

Ich schnelle empor und schreie: »Was?! Einen Fisch?!«

Sie erschrickt sehr.

»Was ist Ihnen?« fragt sie und drückt rasch ihre Zigarette aus. »Nein-nein, jetzt spricht die Nelly kein Wort mehr! Mir scheint, Sie sind ein Verrückter! Gehen wir, gehen wir! Adieu!«

Ich gehe und torkle fast, ganz wirr im Kopf.

Wer fängt den Fisch?

Was ist los?

Wer ist dieser fremde Herr?

Als ich nach Hause komme, empfängt mich meine Hausfrau besorgt. »Es ist ein fremder Herr hier«, sagt sie, »er wartet auf Sie schon seit einer halben Stunde, und ich hab Angst, etwas an ihm stimmt nämlich nicht. Er sitzt im Salon.«

Ein fremder Herr? Ich betrete den Salon.

Es ist Abend geworden, und er sitzt im Dunklen.

Ich mache Licht.

Ach, Julius Caesar!

»Endlich!« sagt er und illuminiert seinen Totenkopf. »Jetzt spitzen Sie aber Ihre Ohren, Kollega!«

»Was gibts denn?«

»Ich habe den Fisch.«

»Was?!«

»Ja. Er schwimmt schon um den Köder herum, immer näher – heut nacht beißt er an! Kommen Sie, wir müssen rasch hin, der Apparat ist schon dort, höchste Zeit!«

»Was für ein Apparat?«

»Werd Ihnen alles erklären!«

Wir gehen rasch fort.

»Wohin?«

»In die Lilie!«

»In wohin?«

»Wie sag ichs meinem Kinde? Die Lilie ist ein ordinäres Animierlokal!«

Er geht sehr rasch, und es beginnt zu regnen.

»Regen ist gut«, sagt er, »bei Regen beißen sie eher an.«

»Hören Sie«, schreie ich ihn an, »was haben Sie vor?!«

»Ich erzähl alles, sowie wir sitzen! Kommen Sie, wir werden naß!«

»Aber wie kommen Sie dazu, den Fisch zu fangen und mir nichts zu sagen?!«

»Ich wollte Sie überraschen, lassen Sie mir die Freud!«

Plötzlich bleibt er stehen, obwohl es jetzt stark regnet und er große Eile hat.

Er sieht mich sonderbar an und sagt dann langsam:

»Sie fragen«, und mir ists, als betonte er jedes Wort, »Sie fragen mich, warum ich den Fisch fange? Sie haben mir doch davon erzählt, vor ein paar Tagen – erinnern Sie sich? Sie haben sich dann an einen anderen Tisch gesetzt, und es fiel mir plötzlich auf, wie traurig Sie sind wegen dem Mädel, und da war es mir so, daß ich Ihnen helfen muß. Erinnern Sie sich, wie Sie dort an dem Tisch gesessen sind – ich glaube, Sie schrieben einen Brief.«

Einen Brief?!

Ja, richtig! Den Brief an meine Eltern!

Als ich es endlich über mich brachte: »Gott wird schon helfen« – Ich wanke.

»Was ist Ihnen? Sie sind ja ganz blaß?« höre ich Caesars Stimme.

»Nichts, nichts!«

»Höchste Zeit, daß Sie einen Schnaps bekommen!«

Vielleicht!

Es regnet, und das Wasser wird immer mehr.

Mich schaudert.

Einen winzigen Augenblick lang sah ich das Netz.

Der N

Die Lilie ist kaum zu finden, so finster ist die ganze Umgebung.

Drinnen ist es nicht viel heller.

Aber wärmer, und es regnet wenigstens nicht herein.

»Die Damen sind schon da«, empfängt uns die Besitzerin und deutet auf die dritte Loge.

»Bravo!« sagt Caesar und wendet sich zu mir: »Die Damen sind nämlich mein Köder. Die Regenwürmer, gewissermaßen.«

In der dritten Loge sitzt das Fräulein Nelly mit einer dicken Kellnerin.

Nelly erkennt mich sogleich, schweigt jedoch aus Gewohnheit.

Sie lächelt nur sauer.

Caesar hält perplex.

»Wo ist der Fisch?« fragt er hastig.

»Er ist nicht erschienen«, sagt die Dicke. Es klingt so traurig monoton.

»Er hat mich sitzenlassen«, meint Nelly und lächelt süß.

»Zwei Stunden hat sie vor dem Kino gewartet«, nickt die Dicke resigniert.

»Zweieinhalb«, korrigiert Nelly und lächelt plötzlich nicht mehr. »Ich bin froh, daß das Ekel nicht gekommen ist.«

»Na sowas«, meint Caesar und stellt mich den Damen vor: »Ein ehemaliger Kollege.«

Die Dicke mustert mich, und das Fräulein Nelly blickt in die Luft. Sie richtet ihren Büstenhalter.

Wir setzen uns.

Der Schnaps brennt und wärmt.

Wir sind die einzigen Gäste.

Die Besitzerin setzt sich die Brille auf und liest die Zeitung. Sie beugte sich über die Bar, und es sieht aus, als würde sie sich die Ohren zuhalten.

Sie weiß von nichts und möchte auch von nichts wissen.

Wieso sind die beiden Damen Regenwürmer?

»Was geht hier eigentlich vor sich?« frage ich Caesar.

Er beugt sich ganz nahe zu mir: »Ich wollte Sie ursprünglich eigentlich vorher gar nicht einweihen, verehrter Kollega, denn es ist und bleibt eine ordinäre Geschichte, und Sie sollten nichts damit zu tun haben; aber dann dachte ich, es könnt vielleicht doch nichts schaden, wenn wir noch einen Zeugen hätten. Wir drei, die beiden Damen und ich, wollten nämlich die Tat rekonstruieren.«

»Rekonstruieren?!«

»Gewissermaßen.«

»Aber wieso denn?!«

»Wir wollten, daß der Fisch den Mord wiederholt.«

»Wiederholt?!«

»Ja. Und zwar nach einem altbewährten genialen Plan. Ich wollte nämlich die ganze Affäre in einem Bett rekonstruieren.«

»In einem Bett?!«

»Passen Sie auf, Kollega«, nickt er mir zu und illuminiert seinen Totenkopf, »das Fräulein Nelly sollte den Fisch vor dem Kino erwarten, denn er meint nämlich, daß sie ihn liebt.«

Er lacht.

Aber das Fräulein Nelly lacht nicht mit. Sie schneidet nur eine Grimasse und spuckt aus.

»Spuck hier nicht herum!« grinst die Dicke.

»Das freie Ausspucken ist behördlich verboten!«

»Die Behörde darf mich«, beginnt Nelly.

»Also nur keine Politik!« fällt ihr Caesar ins Wort und wendet sich wieder mir zu: »Hier in dieser Loge sollte unser lieber Fisch besoffen gemacht werden, bis er nicht mehr hätt schwimmen können, so daß man ihn sogar mit der Hand hätt fangen können – dann wären die beiden Damen mit ihm dort hinten durch die Tapetentür aufs Zimmer gegangen. Und hierauf hätte sich folgerichtig und logischerweise folgendes entwickelt:

Der Fisch wäre eingeschlafen.

Die Nelly hätte sich auf den Boden gelegt, und dies rundliche Kind hätte sie mit einem Leintuch zugedeckt, ganz und gar, als wär sie eine Leiche.

Dann hätt sich meine liebe Rundliche auf den schlafenden Fisch gestürzt und hätt gellend geschrien: ›Was hast du getan?! Menschenskind, was hast du getan?!‹

Und ich wär ins Zimmer getreten und hätt gesagt: ›Polizei!‹ und hätts ihm auf den Kopf zugesagt, daß er in seinem Rausch die Nelly erschlagen hat, genau so wie seinerzeit den anderen – wir hätten eine große Szene aufgeführt, und ich hätt ihm auch ein paar Ohrfeigen gegeben – ich wette, Kollega, er hätt sich verraten! Und wenns auch nur ein

116

Wörtchen gewesen wär, ich hätt ihn aufs Land gezogen, ich schon!«

Ich muß lächeln.

Er sieht mich an, fast unwillig.

»Sie haben recht«, sagt er, »der Mensch denkt und Gott lenkt – wenn wir uns ärgern, daß einer nicht anbeißt, dann zappelt er vielleicht schon im Netz.«

Es durchzuckt mich.

Im Netz?!

»Lächeln Sie nur«, höre ich Caesar, »Sie reden ja immer nur von dem unschuldigen Mädel, aber ich denk auch an den toten Jungen!«

Ich horche auf.

An den toten Jungen?

Ach so, der N – den hab ich ja ganz vergessen. –

Ich dachte an alle, alle – sogar an seine Eltern denke ich manchmal, wenn auch nicht gerade liebevoll – aber nie an ihn, nie, er fiel mir gar nicht mehr ein.

Ja, dieser N!

Der erschlagen worden war. Mit einem Stein.

Den es nicht mehr gibt.

Das Gespenst

Ich verlasse die Lilie.

Ich gehe rasch heim, und die Gedanken an den N, den es nicht mehr gibt, lassen mich nicht los.

Sie begleiten mich in mein Zimmer, in mein Bett.

Ich muß schlafen! Ich will schlafen!

Aber ich schlafe nicht ein –

Immer wieder höre ich den N: »Sie haben es ja ganz vergessen, Herr Lehrer, daß Sie mitschuldig sind an meiner Ermordung. Wer hat denn das Kästchen erbrochen – ich oder Sie? Hatte ich Sie denn damals nicht gebeten: Helfen Sie mir, Herr Lehrer, ich habs nämlich nicht getan – aber Sie wollten

einen Strich durch eine Rechnung ziehen, einen dicken Strich –
ich weiß, ich weiß, es ist vorbei!«

Ja, es ist vorbei.

Die Stunden gehen, die Wunden stehen.

Immer rascher werden die Minuten –

Sie laufen an mir vorbei.

Bald schlägt die Uhr.

»Herr Lehrer«, höre ich wieder den N, »erinnern Sie sich an
eine Geschichtsstunde im vorigen Winter. Wir waren im Mit-
telalter, und da erzählten Sie, daß der Henker, bevor er zur
Hinrichtung schritt, den Verbrecher immer um Verzeihung
bat, daß er ihm nun ein großes Leid antun müsse, denn eine
Schuld kann nur durch Schuld getilgt werden.«

Nur durch Schuld?

Und ich denke: bin ich ein Henker?

Muß ich den T um Verzeihung bitten?

Und ich werd die Gedanken nicht mehr los –

Ich erhebe mich –

»Wohin?«

»Am liebsten weg, gleich weit weg –«

»Halt!«

Er steht vor mir, der N.

Ich komm durch ihn nicht durch.

Ich mag ihn nicht mehr hören!

Er hat keine Augen, aber er läßt mich nicht aus den Augen.

Ich mache Licht und betrachte den Lampenschirm.

Er ist voll Staub.

Immer muß ich an den T denken.

Er schwimmt um den Köder – oder?

Plötzlich fragt der N:

»Warum denken Sie nur an sich?«

»An mich?«

»Sie denken immer nur an den Fisch. Aber der Fisch, Herr
Lehrer, und Sie, das ist jetzt ein und dasselbe.«

»Dasselbe?!«

»Sie wollen ihn doch fangen – nicht?«

»Ja, gewiß – aber wieso sind ich und er ein und dasselbe?«
»Sie vergessen den Henker, Herr Lehrer – den Henker, der
den Mörder um Verzeihung bittet. In jener geheimnisvollen
Stunde, da eine Schuld durch eine andere Schuld getilgt wird,
verschmilzt der Henker mit dem Mörder zu einem Wesen,
der Mörder geht gewissermaßen im Henker auf – begreifen
Sie mich, Herr Lehrer?«
Ja, ich fange allmählich an zu begreifen –
Nein, jetzt will ich nichts mehr wissen!
Hab ich Angst?
»Sie sind noch imstand und lassen ihn wieder schwimmen«,
höre ich den N. »Sie beginnen ja sogar schon, ihn zu be-
dauern –«
Richtig, seine Mutter hat für mich keine Zeit –
»Sie sollen aber auch an meine Mutter denken, Herr Lehrer,
und vor allem an mich! Auch wenn Sie nun den Fisch nicht
meinetwegen, sondern nur wegen des Mädels fangen, wegen
eines Mädels, an das Sie gar nicht mehr denken –«
Ich horche auf.
Er hat recht, ich denke nicht an sie –
Schon seit vielen Stunden.
Wie sieht sie denn nur aus?
Es wird immer kälter.
Ich kenne sie ja kaum –
Gewiß, gewiß, ich sah sie schon mal ganz, aber das war im
Mond, und die Wolken deckten die Erde zu – doch was hat
sie nur für Haare? Braun oder blond?
Komisch, ich weiß es nicht.
Ich friere.
Alles schwimmt davon –
Und bei Gericht?
Ich weiß nur noch, wie sie mir zunickte, bevor sie die Wahr-
heit sagte, aber da fühlte ich, ich muß für sie da sein.
Der N horcht auf.
»Sie nickte Ihnen zu?«
»Ja.«

Und ich muß an ihre Augen denken.

»Aber Herr Lehrer, sie hat doch keine solchen Augen! Sie hat ja kleine, verschmitzte, unruhige, immer schaut sie hin und her, richtige Diebsaugen!«

»Diebsaugen?«

»Ja.«

Und plötzlich wird er sonderbar feierlich.

»Die Augen, Herr Lehrer, die Sie anschauten, waren nicht die Augen des Mädels. Das waren andere Augen.«

»Andere?«

»Ja.«

Das Reh

Mitten in der Nacht höre ich die Hausglocke.

Wer läutet da?

Oder habe ich mich getäuscht?

Nein, jetzt läutet es wieder!

Ich springe aus dem Bett, zieh mir den Morgenrock an und eile aus dem Zimmer. Dort steht bereits meine Hausfrau. verschlafen und wirr.

»Wer kommt denn da?« fragt sie besorgt.

»Wer ist da?« rufe ich durch die Türe.

»Kriminalpolizei!«

»Jesus Maria!« schreit die Hausfrau und wird sehr entsetzt.

»Was habens denn angestellt, Herr Lehrer?«

»Ich? Nichts!«

Die Polizei tritt ein – zwei Kommissare. Sie fragen nach mir.

Jawohl, ich bin es.

»Wir wollen nur eine Auskunft. Ziehen Sie sich gleich an, Sie müssen mit!«

»Wohin?«

»Später!«

Ich ziehe mich überstürzt an – was ist geschehen?!

Dann sitz ich im Auto. Die Kommissare schweigen noch immer.

Wohin fahren wir?

Die schönen Häuser hören allmählich auf und dann kommen die häßlichen. Es geht durch die armen Straßen, und wir erreichen das vornehme Villenviertel.

Ich bekomme Angst.

»Meine Herren«, sage ich, »was ist denn geschehen in Gottes Namen?!«

»Später!«

Hier ist die Endstation, wir fahren weiter.

Ja, jetzt weiß ich, wohin die Reise geht –

Das hohe Tor ist offen, wir fahren hindurch, es meldet uns niemand an.

In der Halle sind viele Menschen.

Ich erkenne den alten Pförtner und auch den Diener, der mich in den rosa Salon geführt hatte.

An einem Tische sitzt ein hoher polizeilicher Funktionär. Und ein Protokollführer.

Alle blicken mich forschend und feindselig an.

Was hab ich denn verbrochen?

»Treten Sie näher«, empfängt mich der Funktionär.

Ich trete näher.

Was will man von mir?

»Wir müssen einige Fragen an Sie richten. Sie wollten doch gestern nachmittag die gnädige Frau sprechen –« er deutet nach rechts.

Ich blicke hin.

Dort sitzt eine Dame. In einem großen Abendkleid.

Elegant und gepflegt – ach, die Mutter des T!

Sie starrt mich haßerfüllt an.

Warum?

»So antworten Sie doch!« höre ich den Funktionär.

»Ja«, sage ich, »ich wollte die gnädige Frau sprechen, aber sie hatte keine Zeit für mich.«

»Und was wollten Sie ihr erzählen?«

Ich stocke – aber es hat keinen Sinn!

Nein, ich will nicht mehr lügen!

Ich sah ja das Netz –

»Ich wollte der gnädigen Frau nur sagen«, beginne ich langsam, »daß ich einen bestimmten Verdacht auf ihren Sohn habe –«

Ich komme nicht weiter, die Mutter schnellt empor.

»Lüge!« kreischt sie. »Alles Lüge! Nur er hat die Schuld, nur er! Er hat meinen Sohn in den Tod getrieben! Er, nur er!«

In den Tod?!

»Was ist denn los?!« schreie ich.

»Ruhe!« herrscht mich der Funktionär an.

Und nun erfahre ich, daß der Fisch ins Netz geschwommen ist. Er wurde bereits ans Land gezogen und zappelt nicht mehr. Es ist aus.

Als die Mutter vor einer Stunde heimkam, fand sie einen Zettel auf ihrem Toilettentisch. »Der Lehrer trieb mich in den Tod«, stand auf dem Zettel.

Die Mutter lief in das Zimmer des T hinauf – der T war verschwunden. Sie alarmierte das Haus. Man durchstöberte alles und fand nichts. Man durchsuchte den Park, rief »T!« und immer wieder »T!« – keine Antwort.

Endlich wurde er entdeckt. In der Nähe eines Grabens. Dort hatte er sich erhängt.

Die Mutter sieht mich an.

Sie weint nicht.

Sie kann nicht weinen, geht es mir durch den Sinn.

Der Funktionär zeigt mir den Zettel.

Ein abgerissenes Stück Papier.

Vielleicht schrieb er noch mehr, fällt es mir plötzlich ein.

Ich schau die Mutter an.

»Ist das alles?« frage ich den Funktionär.

Die Mutter schaut weg.

»Ja, das ist alles«, sagt der Funktionär. »Erklären Sie sich!«

Die Mutter ist eine schöne Frau. Ihr Ausschnitt ist hinten

tiefer als vorn. Sie hat es sicher nie erfahren, was es heißt, nichts zum Fressen zu haben –

Ihre Schuhe sind elegant, ihre Strümpfe sind so zart, als hätte sie keine an, aber ihre Beine sind dick. Ihr Taschentuch ist klein. Nach was riecht es? Sicher hat sie ein teures Parfüm –

Aber es kommt nicht darauf an, mit was sich einer parfümiert.

Wenn der Vater keinen Konzern hätte, würde die Mutter nur nach sich selbst duften.

Jetzt sieht sie mich an, fast höhnisch.

Zwei helle runde Augen –

Wie sagte doch seinerzeit der T in der Konditorei?

»Aber Herr Lehrer, ich hab· doch keine Fischaugen, ich hab ja Rehaugen – meine Mutter sagts auch immer.«

Sagte er nicht, sie hätte die gleichen Augen?

Ich weiß es nicht mehr.

Ich fixiere die Mutter.

Warte nur, du Reh!

Bald wird es schneien, und du wirst dich den Menschen nähern.

Aber dann werde ich dich zurücktreiben!

Zurück in den Wald, wo der Schnee meterhoch liegt.

Wo du stecken bleibst vor lauter Frost –

Wo du verhungerst im Eis.

Schau mich nur an, jetzt rede ich!

Die anderen Augen

Und ich rede von dem fremden Jungen, der den N erschlagen hat, und erzähle, daß der T zuschauen wollte, wie ein Mensch kommt und geht. Geburt und Tod und alles, was dazwischen liegt, wollt er genau wissen. Er wollte alle Geheimnisse ergründen, aber nur, um darüberstehen zu können – darüber mit seinem Hohn. Er kannte keine Schauer, denn seine Angst war nur Feigheit. Und seine Liebe zur Wirklichkeit war nur der Haß auf die Wahrheit.

Und während ich so rede, fühle ich mich plötzlich wunderbar leicht, weil es keinen T mehr gibt.

Einen weniger!

Freue ich mich denn?

Ja!

Ja, ich freue mich!

Denn trotz aller eigenen Schuld an dem Bösen ist es herrlich und wunderschön, wenn ein Böser vernichtet wird!

Und ich erzähle alles.

»Meine Herren«, sagte ich, »es gibt ein Sägewerk, das nicht mehr sägt, und es gibt Kinder, die in den Fenstern sitzen und die Puppen bemalen.«

»Was hat das mit uns zu tun?« fragt mich der Funktionär.

Die Mutter schaut zum Fenster hinaus.

Draußen ist Nacht.

Sie scheint zu lauschen –

Was hört sie?

Schritte?

Das Tor ist ja offen –

»Es hat keinen Sinn, einen Strich durch die Rechnung machen zu wollen«, sage ich und plötzlich höre ich meine Worte.

Jetzt starrt mich die Mutter wieder an.

Und ich höre mich: »Es ist möglich, daß ich Ihren Sohn in den Tod getrieben habe –«

Ich stocke –

Warum lächelt die Mutter?

Sie lächelt noch immer –

Ist sie verrückt?

Sie beginnt zu lachen – immer lauter!

Sie kriegt einen Anfall.

Sie schreit und wimmert –

Ich höre nur das Wort »Gott«.

Dann kreischt sie: »Es hat keinen Sinn!«

Man versucht, sie zu beruhigen.

Sie schlägt um sich.

Der Diener hält sie fest.

»Es sägt, es sägt!« jammert sie –

Was?

Das Sägewerk?

Sieht sie die Kinder in den Fenstern?

Ist jener Herr erschienen, der auch auf Ihre Zeit, gnädige Frau, keine Rücksicht nimmt, denn er geht durch alle Gassen, ob groß oder klein –

Sie schlägt noch immer um sich.

Da verliert sie ein Stückchen Papier – als hätte ihr wer auf die Hand geschlagen.

Der Funktionär hebt es auf.

Es ist ein zerknülltes Papier.

Der abgerissene Teil jenes Zettels, auf dem stand: »Der Lehrer trieb mich in den Tod«.

Und hier schrieb der T, warum er in den Tod getrieben wurde: »Denn der Lehrer weiß es, daß ich den N erschlagen habe. Mit dem Stein –«

Es wurde sehr still im Saal.

Die Mutter schien zusammengebrochen.

Sie saß und rührte sich nicht.

Plötzlich lächelt sie wieder und nickt mir zu.

Was war das?

Nein, das war doch nicht sie –

Das waren nicht ihre Augen –

Still wie die dunklen Seen in den Wäldern meiner Heimat.

Und traurig wie eine Kindheit ohne Licht.

So schaut Gott zu uns herein, muß ich plötzlich denken.

Einst dachte ich, er hätte tückische, stechende Augen –

Nein, nein!

Denn Gott ist die Wahrheit.

»Sage es, daß du das Kästchen erbrochen hast«, höre ich wieder die Stimme. »Tu mir den Gefallen und kränke mich nicht –«

Jetzt tritt die Mutter langsam vor den Funktionär und beginnt zu reden, leise, doch fest: »Ich wollte mir die Schande ersparen«, sagt sie, »aber wie der Lehrer zuvor die Kinder in den Fenstern erwähnte, dachte ich schon: ja, es hat keinen Sinn.«

Über den Wassern

Morgen fahre ich nach Afrika.

Auf meinem Tische stehen Blumen. Sie sind von meiner braven Hausfrau zum Abschied.

Meine Eltern haben mir geschrieben, sie sind froh, daß ich eine Stellung habe und traurig, daß ich soweit weg muß über das große Meer.

Und dann ist noch ein Brief da. Ein blaues Kuvert.

»Schöne Grüße an die Neger. Der Klub.«

Gestern hab ich Eva besucht.

Sie ist glücklich, daß der Fisch gefangen wurde. Der Pfarrer hat es mir versprochen, daß er sich um sie kümmern wird, wenn sie das Gefängnis verläßt.

Ja, sie hat Diebsaugen.

Die Staatsanwaltschaft hat das Verfahren gegen mich niedergeschlagen, und der Z ist schon frei. Ich packe meine Koffer.

Julius Caesar hat mir seinen Totenkopf geschenkt. Daß ich ihn nur nicht verliere!

Pack alles ein, vergiß nichts!

Laß nur nichts da!

Der Neger fährt zu den Negern.

Commentary on the text

For a writer who had devoted most of his literary talent to the theatre Horváth's two short novels show a remarkable skill in the medium; *Jugend ohne Gott* was acclaimed instantly by critics and public alike and it was translated into eight languages. Thomas Mann, Germany's foremost 20th century novelist, considered it the best book of the period, and Hermann Hesse too praised it very highly. While the novel deals with many of the themes and problems that Horváth had treated in his earlier work, its main difference lies in the taut, concise style that is so unlike the rambling, episodic structure of most of his plays.

Critics have suggested that Horváth chose the form of the novel because the stage was no longer open to him, and yet this is patently untrue since his plays were still being performed in the late 1930s (although not in Germany). The reasons for his choice of a first-person narrator are to be found in the possibilities offered by the form; the teacher compels us to see the story through his eyes, but this can often reveal more than it conceals. It allows the reader to explore problems of the narrator's own psychology. The teacher plays a key role in the events that he is narrating and there are times when his involvement is almost total. Here the author uses changes of tense, phrasing and punctuation to great effect. When this occurs all semblance of objectivity disintegrates and doubts, self-deception and hypocrisy take over. It is worth looking out for such phrases as "geht es mir durch den Sinn" and "fällt es mir ein" where the teacher's consciousness of his own thoughts is highlighted.

One of the central themes is of course that of education, and education within a very particular social and political context. This produces the conflict within the teacher between three interests: his job as a source of income which helps to support his parents as well as himself; his job as a servant of the state and propagator of official doctrine; his job as a seeker after truth working to share this with his pupils. During the course of the story it is significant that his order of values undergoes a considerable change and there is at least a partial resolution of the conflict.

Whereas in Horváth's earlier writing there had been a sympathy towards the younger generation and its ideals, here the shift is towards certain older people whose values (unlike those of the young) have not been tainted by the propaganda of Nazism; the teacher is at the end of the novel an embodiment of the thinking man who rejects Fascism and the hypocrisy of passivity in a Fascist state.

Two other characters who serve to put across significant ideas in the novel are 'Julius Caesar' and the village priest, both of whom belong to the older generation. It is in the chapters 'Das Zeitalter der Fische' and 'Auf der Suche nach den Idealen der Menschheit' that their views are expressed, and they raise two more themes that are central to Horváth's story: the nature of God and the relations between man and woman. The village priest's words "Gott ist das Schrecklichste auf der Welt" combine with the later formulation "Gott ist die Wahrheit" to give some idea of who this God is who appears at frequent intervals in the book. (Horváth's God is an embodiment of truth, and his appearance is terrible because, quite suddenly, he reveals the truth in all its horror to people who are normally totally unprepared to face it.) Julius Caesar gives a very clear breakdown of the attitudes towards women of three different generations of men; these three attitudes are illustrated by the various females who appear in the story, and Eva is of course the most important. She is in many ways typical of the heroines of several of Horváth's plays since she is certainly a victim, both of society and of justice.

These two themes, along with that of justice, have a universality to them and, in reading the text, it is obvious that Horváth has deliberately veiled his references to the immediate background of the story. While the book should not be read without a knowledge of the political and historical situation, on the other hand it should certainly not be treated as a novel of specific social criticism that has no wider implications. Like all of Horváth's work, it contains attacks on capitalism and the power of wealth generally, whether in the hands of shareholders or defendants in a law court; its sympathies are with the under-privileged; its underlying philosophy derives from an awareness of "die Schuld des Daseins" (the idea being that we are all born and live with guilt, and must suffer and die in order to pay retribution. Just as in nature summer must give way to winter, so too in human life, life must give way to death and good to evil; the movement as Anaximander saw it is therefore a cyclical one).

Despite the first person narration various styles can be distinguished within the story and these relate almost always to the degree of involvement on the part of the narrator. They range from the calm objectivity of the earlier chapters at the school and at the camp to the fragmented sentences and paragraphs where the teacher is at his least detached.

Apart from these gradations there are also passages which use letters, diary, newspaper and court reports and which reconstruct conversations. Here the language of banality, adolescent romanticism, official jargon and archaic pomposity all appear, sometimes in humorous form and sometimes as a grim reminder of the anonymous but ever-present government propaganda machine. It is in this web of language where the same words can be used to such different effect, depending on their context, that the reader is presented with a number of divergent views; they give added weight to the teacher's statement: "Die Geschichten sind viereckig geworden", *i.e.* can be viewed in four different ways.

The main characteristic of the writing is its simplicity and directness. Horváth's late introduction to the German language and his desire for a simple prose style certainly account for some of this, but the story does not always remain on this level. There are moments when metaphor takes over completely for several sentences; the effect is at times close to that of prose poetry and it may be considered obtrusive, although the dream-like sequence as the teacher falls asleep is both pertinent and successful, as is the whole complex of repeated images dealing with fish, bait and nets. Apart from the initial astrological reference, Horváth uses these images to introduce ambiguity and doubt in the reader's mind as to who the fish really is, thus heightening the dramatic tension as the story progresses.

The overall effect remains one of immediacy that on one level narrates the intensely dramatic story of a crime; at another it is able, by its very simplicity, to illustrate clearly the way in which the seeds of doubt are sown in the teacher's mind and how they grow and gradually influence his actions, as repetition and rephrasing of simple but crucial ideas impinge more and more on his consciousness. As Horváth wrote in a letter to his friend, Franz Theodor Csokor, after re-reading the novel: "Es ist mir dabei noch etwas aufgefallen, nämlich: daß ich, ohne Absicht, auch zum erstenmal den sozusagen faschistischen Menschen (in Person des Lehrers) geschildert habe, an dem die Zweifel nagen – oder besser gesagt: den Menschen im faschistischen Staate."

Ein Kind unserer Zeit and Jugend ohne Gott

Horváth's next novel was the last work that he ever completed and has as its narrator and central figure a soldier who is similar in outlook to many of the boys described in *Jugend ohne Gott*, although he is several years older, and the setting is an imaginary state, which has however a strong resemblance to Nazi Germany. He owes his position to the rise of this militaristic, Fascist state; previously he had been unemployed, his life had had no purpose, but now he feels himself to be part of the state, he accepts the dictum of the individual being entirely subservient to its needs and describes war as "der Vater aller Dinge". His uniform and rank give him a social role that he had never enjoyed before and he is able to see an honourable place both for himself and his country: "Ich liebe mein Vaterland, seit es seine Ehre wieder hat! Denn nun hab auch ich sie wieder, meine Ehre!" The change that he undergoes is far more radical than that of the teacher who had his doubts from very early on. The soldier is initially a vocal representative of the system and regurgitates its propaganda of the need for militarism and expansion; then a war begins in which a neighbouring country is overrun. During the fighting the soldier's captain (who is his hero and model) runs towards the enemy snipers to a certain death; the soldier runs after him in an abortive rescue attempt and is himself wounded. In the captain's hand he finds a letter, and on discovering its contents he realizes that his hero had gone voluntarily to his death because he could no longer stand the lies and hypocrisy of his country's government or the bestiality of its army. This fact, combined with the wound in his arm that makes him unfit for military service, shatters the soldier's vision of the 'Vaterland' so that he soon becomes as vehement in his rejection and denunciation of its values as he had been in expounding them. He eventually commits a murder, and the murder is very clearly explained when he says of his victim: "Denn jeder, der da sagt, auf den einzelnen kommt es nicht an, gehört weg." It is as if he had, with this crime, committed a spiritual murder of his former self. Finally he goes out to a voluntary death in the snow, unable to continue; he follows his captain's example and, as in *Jugend ohne Gott,* Horváth's message is clear: with Fascism there can be no compromises and the man who sees through the lies must reject them totally – either he must leave the country or he must die.

Select Bibliography

Ödön von Horváth: List of main works
(with dates of composition)

Volksstücke

Révolte auf Côte 3018 (1926–7; revised version *Die Bergbahn* 1927)
Italienische Nacht (1930)
Geschichten aus dem Wiener Wald (1930–31)
Kasimir und Karoline (1931)
Glaube Liebe Hoffnung (1932)

Schauspiele

Sladek oder Die schwarze Armee (1927)
Sladek der schwarze Reichswehrmann (1928–9)
Der jüngste Tag (1935–6)
Don Juan kommt aus dem Krieg (1934–6)

Komödien

Zur schönen Aussicht (1926)
Rund um den Kongreß (1928–9)
Die Unbekannte aus der Seine (1933)
Hin und her (1934)
Himmelwärts (1934–5)
Mit dem Kopf durch die Wand (1935)
Figaro läßt sich scheiden (1936)
Ein Dorf ohne Männer (1936)
Pompeji (1937)

Prosa

Sportmärchen (1923–4)
Der ewige Spießer (1929–30)
Jugend ohne Gott (1937)
Ein Kind unserer Zeit (1937)

Lyrik

Das Buch der Tänze (1922)

On Ödön von Horváth

Materialien zu Ödön von Horváth, edited by Traugott Krischke (Suhrkamp, Frankfurt 1972)

Über Ödön von Horváth, edited by Dieter Hildebrandt and Traugott Krischke (Suhrkamp, Frankfurt 1972)

Ödön von Horváth: Leben und Werk in Dokumenten und Bildern, edited by Traugott Krischke and Hans F. Prokop (Suhrkamp, Frankfurt 1972)

AXEL FRITZ: *Ödön von Horváth als Kritiker seiner Zeit* (Munich 1973)

TRAUGOTT KRISCHKE: *Ödön von Horváth, Kind seiner Zeit*, a biography (Munich 1980)

DIETER HILDEBRANDT: *Horváth* (Rowohltmonographie, Hamburg 1975)

KURT KAHL: *Ödön von Horváth* (Friedrichs Dramatiker des Welttheaters, 18, Velber 1966)

SIEGFRIED KIENZLE: *Ödön von Horváth* (Köpfe des XX. Jahrhunderts, Berlin 1977)

IAN HUISH: *A student's guide to Ödön von Horváth* (Heinemann London, 1980)

JOSEF STRELKA: *Brecht, Horváth, Dürrenmatt* (Vienna–Hannover–Bern 1962)

General background

RICHARD GRUNBERGER: *A Social History of the Third Reich* (Pelican books 1974)

HANNAH VOGT: *The Burden of Guilt* (Oxford University Press 1965)

Chronological Summary

1901 Birth of Ödön von Horváth
1913 Horváth goes to Munich
1914 Outbreak of World War I
1918 Abdication of Kaiser Wilhelm II; end of war
1919 June: Treaty of Versailles signed
July: adoption of Weimar constitution
Autumn: Horváth to Munich University
1923 Horváth moves to live with his parents in Murnau
November: Hitler's Munich Putsch attempt
1929 Wall Street crash, beginning of the depression
1933 Hitler's election to power; Horváth leaves Germany
1934 Death of President Hindenburg; Horváth returns to Germany (to Berlin)
but leaves again in December
1936 Horváth's last visit to Germany. He is told to leave within 24 hours by the
authorities
1937 *Jugend ohne Gott* and *Ein Kind unserer Zeit* written
1938 Horváth's death in Paris. Hitler's annexation of Austria
1939 Outbreak of World War II

Notes

Words and phrases included in medium-sized dictionaries such as the New Schöffler-Weis German and English Dictionary are not normally commented on here.

1   **Wie viele würden sich sämtliche Finger ablecken:** 'How many people would give their eye-teeth' (literally 'lick off all their fingers').

    eines städtischen Gymnasiums: this is the equivalent of a State Grammar School. The job carries a pension and guarantees security of tenure.

2   **das von der Aufsichtsbehörde vorgeschriebene Thema der Aufsätze:** this is the first real intimation of the nature of the totalitarian state and its effects on education. *Aufsichtsbehörde* – government education board or authority.

3   **...denn was einer im Radio redet, darf kein Lehrer im Schulheft streichen:** as already mentioned, the teacher is a *Beamter* (civil servant) and not allowed to contradict or criticize government policy.

4   **Flügelspiel forciert:** 'forces the game out to the wing.'

5   **Ich will hinfort... böse von Jugend auf:** see Genesis Ch. 8, v. 21.

8   **Humanitätsduselei:** 'wishy-washy humanitarian drivel.'

    ,,Bei Philippi sehen wir uns wieder:" Shakespeare's *Julius Caesar*, Act IV, sc. III. The words spoken by Caesar's ghost when he appears to Brutus. In the final scene of the play Brutus and his troops are routed at Philippi and Brutus kills himself. The phrase is often quoted to imply a future meeting which will bring defeat to the person addressed.

9   **das geheime Rundschreiben:** *i.e.* from the Nazi authorities.

    Plebejer und Patrizier: the division in ancient Roman society between the ordinary people (Plebeians) and the aristocracy (Patricians). Hitler is referred to in the book as 'der Oberplebejer.'

11   **mitstenographierte:** 'was taking down... in shorthand.'

13   **vom Tarpejischen Felsen hinab:** in ancient Rome those convicted of crimes against the state were thrown from the Tarpeian Rock to their death.

was der eigenen Sippschaft frommt: 'what is good for your own kith and kin.'

die reichen Plebejer: *i.e.* the Nazis; see note to p. 9.

fragst mit metaphysischen Allüren wie ein Schulbub von anno dazumal: 'you put pretentiously metaphysical questions like a schoolboy of centuries ago' (this last phrase is a mixture of German and Latin.)

eine gestrandete Existenz: 'one of life's failures.'

nach Adam Riese: 'exactly', 'with mathematical precision' (Adam Riese was a famous 16th century German mathematician.)

Lauser: S. German for *Lausbuben*.

Frühlingserwachen: reference to a play by Frank Wedekind about awakening sexual desire among adolescents.

Erotomane: 'sex maniac.'

verpanscht: S. German = 'adulterated', 'spoilt.'

was das Radio zusammenblödelt: 'the nonsense concocted by the radio.'

Parade: 'save.'

Gendarmerieinspektor: the Gendarmerie is the local country police as opposed to the town police.

mit einem empörenden Schundlohn: 'with an outrageously small pittance.'

Pioniere: the equivalent of an Engineering Corps.

Hörens: *Hören Sie* (S. German). Similarly 'Kommens' = *Kommen Sie* below.

Leistungsprinzip, Darbietungsprinzip: 'the principle of active achievement ... the passive principle of offering themselves (to men).'

wehrsportliches Spiel: a military type of game.

Wäsch: *Wäsche*.

Wie schnell war ich heut mit dem Spott dabei: 'How hasty I was in mocking (these girls) today.' This is a reference to the comment in the chapter 'Die marschierende Venus.'

Ich war sogar im Weltkrieg schon Landsturm: 'I was in the reserve even in the (First) World War!' This means that the Feldwebel must have been over 45 at the time.

Gut mit Blut: 'the ground (defended) with your very lives' *i.e.* the enemy should only enter the camp over their dead bodies.

mit dem Heiligen Ignatius: Saint Ignatius of Loyola (1491–1556) was the founder of the Society of Jesus (Jesuits).

Sägewerksaktionäre: 'shareholders in the saw-mill' (which has now closed down).

36 **Blaise Pascal:** (1623–1662) French philosopher who became a Jansenist and took part in disputes with the Jesuits whose views were very much opposed to their own. Jansenism was an austere doctrine which believed in salvation through divine grace alone; the Jesuits on the other hand had a rather more optimistic philosophy. The Pfarrer is a curiously equivocal figure, quoting Pascal and Ignatius almost in the same breath. He advocates the policy of the church being on the side of the state and yet the fact that he has been *strafversetzt* ('transferred here as a punishment') would suggest that the church has not approved of his views.

37 **es steht doch in der Schrift... in den Himmel kommt:** St. Mark Ch. 10, v. 25.

41 **die Geschichten sind viereckig geworden:** i.e. history can be interpreted in four different ways. The use of the plural seems to imply that this is fictitious history.

  „Wahrlich, so stirbt kein Mensch!": In English this is rendered as "Truly this was the Son of God" in St. Matthew's Gospel and as "Certainly this was a righteous man" in St. Luke's. In all these references to the Crucifixion and the ensuing events there is a parallel with the German political situation.

42 **Freute ihn noch sein Beruf?:** the Lehrer is inviting a comparison between the Centurion and himself since he had earlier used this phrase on pp. 34, 41.

43 **hatte nun einen Moralischen und schluchzte in einer Tour:** 'was now having pangs of remorse and sobbing without stopping' (*einen Moralischen = einen moralischen Kater, lit.* 'a moral hangover').

  Sie spie alles voll: 'she was sick all over the place'.

  Gassenhauer: 'popular song'.

48 **tirilierte uns zur Freud:** 'was singing away merrily for us'.

  es grassiert eine Kanarienkrankheit: 'there is some canary sickness going around'.

49 **ein alter Tepp:** 'a bumbling old fool' (colloquial expression in S. and S.W. Germany).

52 **Haustochter:** a maid looked after by the family she is working for.

  wär ihr immer nachgestiegen: 'had always chased her', 'made advances to her.'

  Besserungsanstalt: 'reformatory' (equivalent to an Approved School).

56 **ich will ihm einen Strich durch die Rechnung machen:** the first use of a phrase that recurs in the Lehrer's narration.

58 **Im Schweisse eures Angesichts:** see Genesis Ch. III v. 19.

2   **Mit meinem freien Willen...längst bezahlt:** an extension of the previous image, meaning here: 'I wanted to draw a line through an account (*i.e.* invalidate it) but this account had already been settled long before.'

  mit Zerrspiegeln: 'with distorting mirrors'. This passage is an extended metaphor, seen as a fairground show and leading to another direct quotation from Anaximander.

  Sündflut: see note on p. 5.

3   **Sie in einer Tour geweckt:** Literally: 'woke you continually, without interruption,' *i.e.* 'I went on trying to wake you' (see also note on p. 43).

6   **allwo:** 'where' – archaic, would-be inflated journalistic style. All the newspaper reports tend to satirize the self-important small-town newspaper.

7   **des Haudegens:** 'old trooper,' 'veteran.' Again a somewhat archaic term.

  Kinderverwahrlosung: 'degeneration, depravity among children.'

  die Frau Rauchfangkehrermeister K.: 'the wife of the master chimney-sweep K.' The German fondness for titles means that even a woman is often given her husband's title or job-designation. The intention here is of course satirical.

8   **Justitia fundamentum regnorum:** 'Justice is the basis of government' (Latin).

  scheint Feuer und Flamme für den Fall zu sein: 'seems to be wildly enthusiastic about the case.'

  was für ihn auf dem Spiele steht: 'what he stands to gain or lose.'

  ihre Klinge...führen: 'direct its attack' (lit. 'bring its blade').

  Einer ritterlichen Haltung nicht gänzlich entbehrt: 'is not entirely without a certain chivalrous quality.'

  durch Protektion: 'by pulling strings,' 'on the black market.'

  waren sie geil auf Katastrophen, von denen sie kein Kind bekommen konnten: *lit.* 'they lusted for disasters by which they could have no children,' *i.e.* 'which would have no direct effect on them.'

  Sein Scheitel ist noch in Ordnung: 'his hair is still parted (neatly).'

  von dem markierten Feind: 'by these who are pretending to be the enemy.'

  eine wegwerfende Geste: 'A dismissive *or* disdainful gesture.'

  Einvernahme: 'hearing.'

  Sie dankt jedoch nicht: 'She doesn't return my greeting.'

  brachte es nicht übers Herz...unerwähnt zu lassen: 'could not forebear, miss the opportunity to mention...'

80 **Fakultätsgutachten**: 'professional (psychiatric) report.'

du hast sie sekiert, wo du nur konntest: 'you tormented her whenever you could.'

82 **Er streift auch wieder die Neger**: 'He also mentions the Negroes again.'

schnellte empor: 'leapt to his feet.'

es murrt, as tuschelt: 'People (begin to) mutter and whisper.'

83 **Diebstahlsbegünstigung**: 'complicity in' or 'aiding and abetting the theft.'

Eva wird nicht verreidigt: 'Eva is not sworn in' (because she is not considered to be a 'respectable' person who would take on oath on the Bible seriously).

84 **,,Schwindel nur nicht"**: "Make sure you don't lie."

85 **,,Er tat sich nichts durch den Sturz"**: "He wasn't hurt by the fall."
,,Na also!": "Well there you are!"

86 **seine ehemalige Zukunft**: 'the hopes that he once had for the future.'

87 **versetzt mir einen Hieb**: 'gives me a jolt.'

88 **Wohnt er jetzt auch bei mir?**: the 'er' here refers to God (see also p. 78 in the Chapter 'In der Wohnung.')

89 **Zubilligung mildernder Umstände**: 'conceding that there were mitigating circumstances.'

geistiger Mörder: 'murderer in the spirit.'

91 **daß er sich an meiner Verwirrung gar nicht weidet**: 'that he is not gloating over my confusion.'

92 **Man feierte den Geburtstag des Oberplebejers**: Although Hitler's own birthday was in the Spring (April 20th) and this clearly takes place in the Autumn there was a day of celebration on November 9th to commemorate the Munich Putsch of 1923. The ceremony took the form of a travesty of the Passion Play with Hitler marching at the head of a procession in the role of 'Saviour.'

92 **Transparente**: 'poster slogans.'

93 **Im gleichen Schritt und Tritt**: This is part of a line from a poem by Ludwig Uhland *Der Gute Kamerad* about a soldier whose comrade has been shot. Note how there is a slight difference between the original and Horváth's version:

> Ich hatt einen Kameraden, einen bessern findst du nit.
> Die Trommel schlug zum Streite, er ging an meiner Seite
> In gleichem Schritt und Tritt, in gleichem Schritt und Tritt.

7 **Laufbursche:** 'errand-boy.'

9 **und der B schneidet ein enttäuschtes Gesicht:** 'B's face shows his disappointment.'

01 **ich bringe es nicht über das Herz:** 'I cannot bring myself to . . .'

02 **Ave Caesar, morituri te salutant!:** 'Hail Caesar, those who are about to die salute you' (Latin): phrase used by gladiators as they went into the arena.

04 **„ich stehe zu einer besonderen Verfügung":** 'I am here on a particular mission.'

05 **„Ich soll in einen Orden eintreten?":** 'Would I have to join a religious order?'

07 **„gnädige Frau haben soeben Besuch":** 'the lady of the house is receiving visitors at the moment.' Note the extremely formal language of the servant who uses the third person plural when talking of T's mother. This is an archaic form reserved for occasions of great formality.

08 **„Das war die Filmschauspielerin X":** although Horváth never uses the actual names of people, this may well be a reference to Leni Riefenstahl, the film actress and producer who made the films *Der Triumph des Willens* and also the film of the 1936 Berlin Olympics; these were two of the most important propaganda films of the Third Reich.

8 **Dichtung und Wahrheit!:** 'Poetry and Truth!' The German phrase conveys the contrast between Art and Life, more especially since it is the title of the autobiography of Germany's most famous writer, Johann Wolfgang von Goethe (1749–1832).

Jupiter und Jo. Amor und Psyche: Jupiter (or Zeus in Greek mythology) was the husband of Juno (Jo). Amor (more commonly Cupid or Eros) was the lover of Psyche.

Marie Antoinette: (1755–1793) was the wife of Louis XVI of France; during the French Revolution she encouraged the King to resist and was condemned to the guillotine in the same year as her husband.

9 **und er kommt:** another reference to God.

0 **Die Flügel der Verblödung?:** 'the wings of madness.' This phrase is used by Charles Baudelaire (1821–1867) in his *Mon cœur mis à nu* LXXXVII: "j'ai senti passer sur moi le vent de l'aile de l'imbécillité."

8 **„Jetzt spitzen Sie aber die Ohren":** 'Now listen carefully,' 'pin your ears back.'

„Die Lilie ist ein ordinäres Animierlokal": "The 'Lily' is just a cheap clip joint' (where girls are employed to encourage customers to drink more).

114 „**Wegen dem Mädel**": colloquial, the more usual form being *Wegen des Mädels (Mädchens)*.

115 „**Ich wollte Sie ursprünglich eigentlich nicht vorher einweihen**": 'Originally I didn't intend to put you in the picture in advance.'

116 **altbewährten**: 'well tested and proved by time.'

und hierauf hätte sich folgerichtig und logischerweise folgendes entwickelt: 'and then the following logical development would have taken place.'

117 **der Mensch denkt und Gott lenkt**: German proverb meaning 'Man does the thinking but it is God who directs.'

,das Gespenst': in this chapter there is a clear echo of the Bäckermeister's reference to 'Julius Caesar' (see note to p. 8).

118 „. . . **eine Schuld kann nur durch Schuld getilgt werden**": '. . . one person's guilt can only be eradicated by another's.'

119 „**verschmilzt der Henker mit dem Mörder zu einem Wesen**": "the hangman is fused together with the murderer into one person", *i.e.* 'comes to assume the identity of the murderer.'

120 „**Was habens denn angestellt . . . ?**" "What have you been up to . . . ?"

125 **der auch auf Ihre Zeit keine Rücksicht nimmt**: 'who pays no attention to whether you have time (for him) or not.'

als hätte ihr wer auf die Hand geschlagen: S. German more usually *als hätte ihr jemand auf die Hand geschlagen*.

126 **Der Neger fährt zu den Negern**: one of the titles that Horváth had considered for the novel was *Die Neger* and the film of the novel (made for German television in 1969) was called *Wie ich ein Neger wurde*.